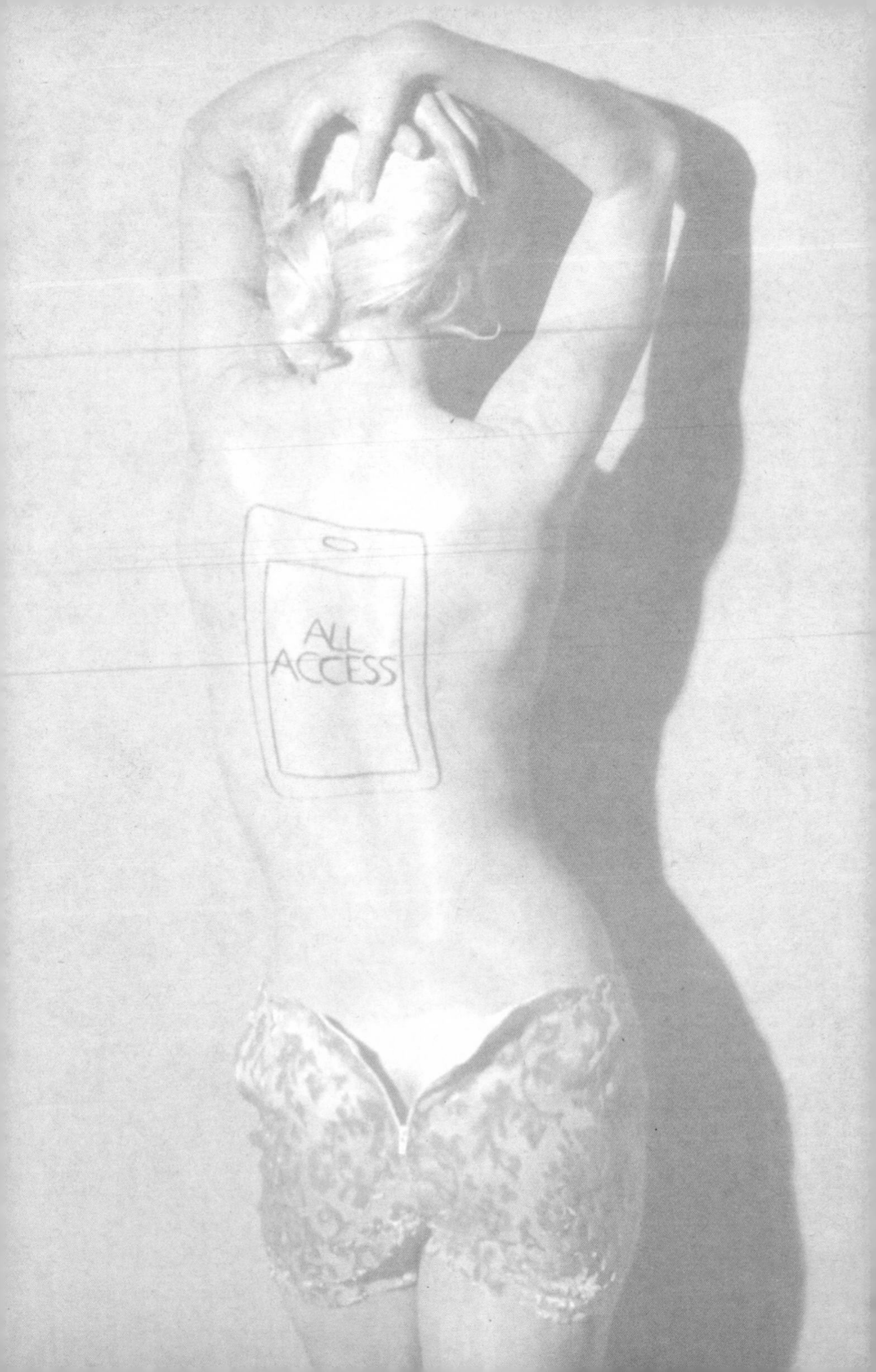
ALL ACCESS

MADONNA
瑪丹娜
——流行天后的真實畫像

瑪丹娜——流行天后的真實畫像

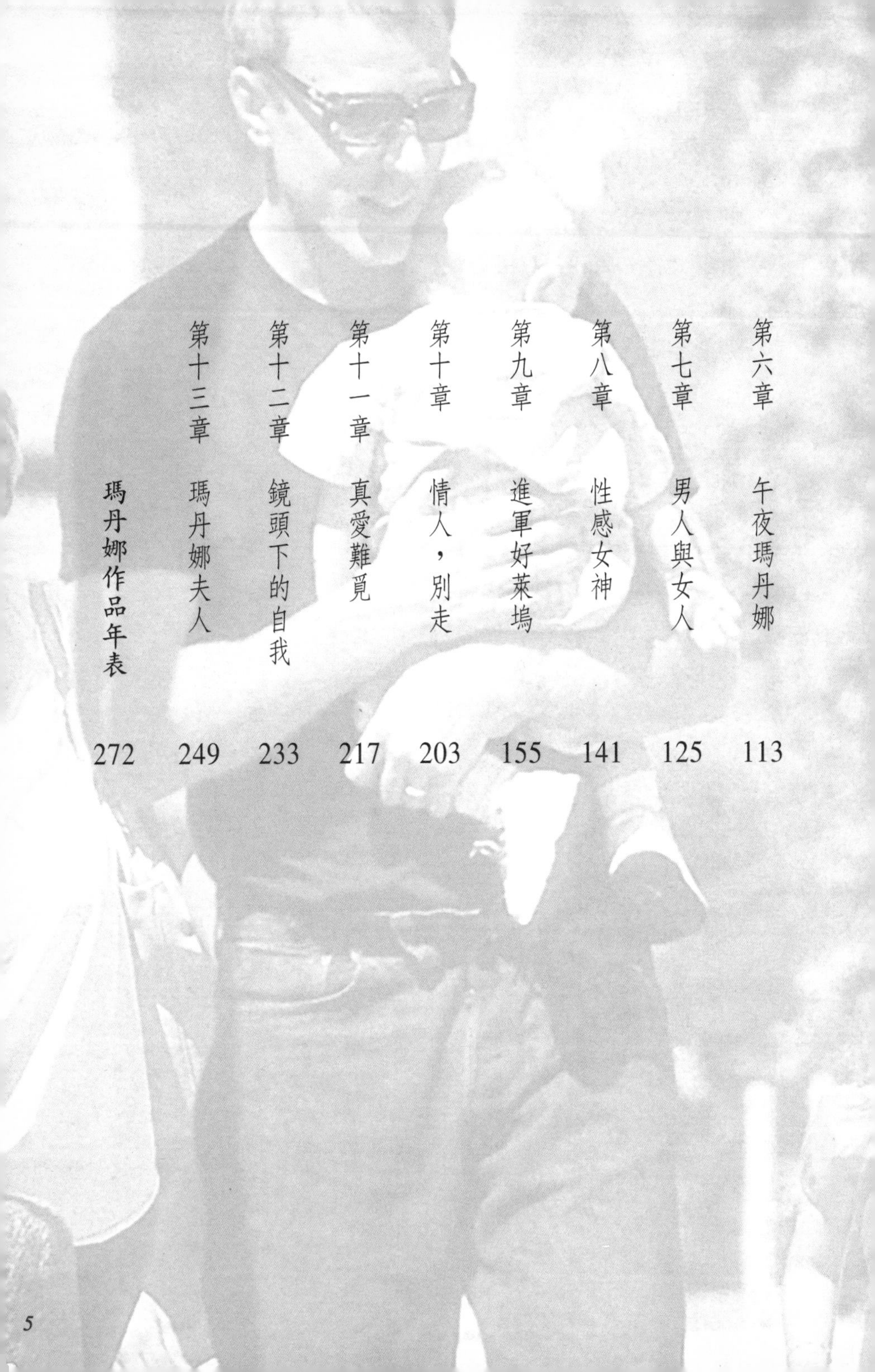

序文

想到這是本關於一個美國女孩的書，我卻以典型的英國方式——喝杯茶，吃塊蛋糕來展開我的研究，似乎有點奇怪。一開始爲了尋找關於她丈夫蓋．瑞奇的家譜，我探訪了他住在北倫敦（North London）的親戚嘉文．道爾（Gavin Doyle）。幾個月後，我前往南方到提姆．瑞斯爵士（Sir Tim Rice）在泰晤士河畔的書齋，那四周布滿了《艾微塔》的紀念品，及爲了參加柏林一項比賽的板球道具。這位奧斯卡得獎作詞家，侃侃談起他所認識的名歌手。即使置身紐約這個速食與過濾咖啡之鄉，也難逃英國茶道的招待——在格林威治村的公寓裡，猶太牧師一邊以戒律牛奶及餅乾款待我，一邊沉思著瑪丹娜對猶太神祕哲學（Kabbalah）的興趣。

由於這位歌手在紐約與洛杉磯的夜生活精采豐富，絕大部分的研究必須在下午茶結束之後才能進行。她的前任男友馬克．卡明斯在崔貝卡（Tribeca）的丘邦酒吧（Cuban Bar），發表了一篇關於龍舌蘭酒的高論；蘇格蘭友人們則常在三兩杯威士忌下肚後，描繪這個多爾諾許（Dornoch）的同鄉；回到蘇活區，當電影導演亞伯．佛瑞拉談起這位世上最燦爛的明星時，街頭有一位舉著標語的傳教士，正呼籲世人停止崇拜現代偶像。

正如那些受訪者所言，瑪丹娜絕非普通的明星。她以創意、活力及企業化等美國特質，建立起自己在流行娛樂圈崇高的地位。我很感激所有分享他們洞見與觀察，助我描繪出她生命圖像的人們，儘管經過重重探索，她仍如謎般難解。

我很感激吉米・艾爾布萊特、卡蜜兒・巴邦、艾莉卡・貝拉、維托・布魯諾、蓋里・柏克、諾李斯・柏胡斯、匹茲堡約翰黑茲參議員地方歷史中心（**Senator John Heinz Regional History Center**）的尼克・修托拉及凱林・榭蘭巴格、馬莉・安・妲莉、密西根大學的凱・迪蘭西教授、馬克和羅利・道蘭高斯基、嘉文・道爾、亞伯爾與南西・佛拉拉、凱薩琳・芙汀、文西・凱拉索爾、丹與艾迪・基爾羅、史都特・葛拉柏、琳達・雅蘭茲、維琴妮雅・胡梅斯、賓州畢佛瀑布日內瓦學院（**Geneva College, Beaver Falls, Pennsylvania**）、馬克・卡明斯、彼得・肯特斯、約翰・柯恩、塞雷斯特・拉貝特、吉米・拉路米亞、珀爾・蘭、傑夫・拉斯、羅伯特・李柯克、麥可・李頓爵士、安卓・羅尼、約克・麥克格瑞果、威廉・麥克內爾上校、派崔克・麥克法林、可特・米納、柯提・慕迪、麥可・慕斯托、克萊兒・納波尼-弗汀、休克斯・內西、茱麗雅・鈕伯格大師、柏特・帕得爾、安迪・帕利、提姆・瑞斯爵士、米拉・羅斯托瓦、艾迪·史坦堡、卡羅·史提爾、史蒂夫·陶頓、尼克·圖米博士、香草冰、邦尼·文斯頓、露思·杜帕克·楊、柯提斯·札爾、弗瑞德·札爾，上述人士借給我珍貴又撩人的照片。

我也要感謝我的研究員利茲·克拉恰、維爾·哈特利以及塔尼亞·麥克高文，他們替我處理堆積如山的瑪丹娜出版資料。還要感謝我的編輯傑克威·維尼和托比·布恰，合宜處置我的瑣事，也要感謝麥可·歐馬拉書店（Michael O'Mara Books）的同事——嘉白莉菈·曼德、海倫·丘柏巴琪、卡蘭·杜倫、黛安娜·布莉思珂、莉安·瑪克凱、尼薩·威廉斯以及雅典娜·恰納。

我也感激紐約聖馬丁出版社（St Martin's Press）的工作人員，特別是我在那兒的編輯郝佩·迪蘭，還有她的助理克利斯·卡米卡瓦、馬丁·布利斯陶，他們在緊迫的期限內，奇蹟似地完成這本書的設計與排版。我的出版人兼友人麥可·歐馬拉始終在我意興闌珊時鼓勵我。最後要感謝的是我的妻子琳娜，以及女兒莉蒂亞和雅莉珊卓，因爲他們不斷鼓舞我。最後我只希望讀者會喜歡這本書。

安德魯·莫頓於

倫敦高門，2001年9月

MADONNA

美國甜心

歷經倫敦到紐約七小時的飛行後，在甘迺迪機場以四十元的代價坐上豪華接駁專車前往曼哈頓，似乎是很合理的交易，身旁來自世界各地的旅客也都有同感。「請自行取用飲料吧！」車上兼差的司機熱心地提議著。夕陽西下，天際浮現閃亮的星光，展現無限可能。一對年邁的夫婦，曾在這樣的一段旅程中，讓一個叫做瑪丹娜・路易絲・維若妮卡・西柯尼（Madonna Louise Veronica Ciccone）的年輕歌手輕倚肩上。她告訴她的友人艾莉卡・貝拉（Erika Belle）說：「有一天，我會擁有這座城。」這位來自美國中西部的啦啦隊女郎，對未來信心十足。

車子駛過林肯中心（Lincoln Center），這個孤獨的少女曾坐在這裡的噴水池旁，爲她追夢的過程中所受到的挫折而哭泣。經過富麗堂皇的西六十四街（West 64 Street）公寓大樓，她在事業到達巔峰時住進了這裡。車子繼續開過只爲她做特別凱撒沙拉的餐廳，以及她遇到她第一個小孩父親的中央公園（Central Park）。走完這段瑪丹娜的足跡之旅後，司機讓我們在哥倫比亞圓環（Columbus Circle）下車。褐磚公寓大樓頂端有一盞霓虹標語，在替一齣電視劇打廣告，「傳記」一詞在夜空中閃閃發亮。

傳記作家亦是偵探，一個好的傳記作者會尋找線索、檢驗託辭、收集證據以描繪世界上舉足輕重的人物。早期在紐約挨家挨戶——或倒不如說酒吧挨著酒吧打聽，得來

的消息顯示出瑪丹娜困惑、混亂的生命圖像。這並非一般熱門音樂界「一曲成功」的故事。瑪丹娜曾贏得驚人的成功紀錄：她的榜首單曲超越披頭四（the Beatles）和貓王艾維斯．普里斯萊（Elvis Presley）；另有十六部電影、十四本寫真集、五場滿座的巡迴演唱會，及至今銷售超過一億張的唱片。更不用提足以覆滿整面牆的金唱片、白金唱片，還有獲得葛萊美獎（Grammy Awards）和其他小獎所累積的財富。她甚至擁有一座主演【阿根廷別爲我哭泣】（Evita）獲得的金球獎（Golden Globe）。

她成爲世上最有價值的女人。蘇富比（Sotheby's）和克莉絲汀（Christie's）這樣一流的「黑貨市場」，拍賣了她的文化棄物——她的親筆簽名喊價二百美金，而一副「金髮雄心巡迴演唱會」（Blonde Ambition Tour）穿的尚．保羅．高提耶（Jean-Paul Gaultier）胸罩，也賣到二萬美金以上。一位慷慨的獵客提供三十五萬美金買她女兒羅狄絲（Lourdes）的首拍照片，引來了野心勃勃的狗仔隊，藏在蘇格蘭多爾諾許大教堂（Dornoch Cathedral）的椽木上，企圖拍攝她兒子洛柯（Rocco）受洗的照片。

回顧瑪丹娜的個人檔案，看得出她自孩提起就一心一意夢想成爲名人。「我還是小女孩時就很令人氣惱，對迷惑人很有興趣，」她有回承認說。她和許多演藝界的首席女主角一樣，從小即展現表演才能，常常在家庭聚會上即興演出，並成爲學校音樂會中的焦點。她後來搬到紐約，很快就典當了芭蕾舞事業，換取一曲成名的機會，她的首支單曲爬上了排行榜第一名之後，就沒有再掉下來過。那時起她就對名聲完全上了癮，不斷注射大衆對她的奉承，她歷經「一曲成名」的激情，搖身一變爲超級名人，最後成爲全世界的偶像。當然，她衣不避體地四處招搖，還讓年輕少女群起仿效，不免觸怒了鄰居長者，激起天主教堂內封閉心靈的憤怒，在公衆媒體上對她大肆批判。不過她也有許多支持者，特別是在黑人、同志與少女圈裡。這些年來她不斷地惹麻煩、鬧誹聞，使她的形象更加難以捉摸。她總是聰明地隱身於各色面具之後，藏匿在她神祕的神話裡。「要是她是一幅畫，她會是畢卡索的抽象畫，」她前任的愛人饒舌歌手香草冰（Vanilla Ice）說，「她有那麼多的面貌。」

當人們眞的受到她行爲的冒犯時，她總有說辭。如她出版大膽性感的寫眞書時聲稱她之所以被批評是因爲自己是個女人，沒有人了解她的作品其實是種反諷。面對因自己的任性而造成的錯誤——譬如電影票房失利，她總是責怪導演或其他人。有兩年的時間，她被控告惡作劇、蓄意傷害，而且逃避懲罰。這個曾在牆壁上噴畫塗鴉的女孩，現在擁有一間大房子，然而即使功成名就，她依然叛逆。

環視她的紐約公寓，可找到她個性精確的定位。當瑪丹娜蜷縮在高雅的沙發上

時，看來完全不像是個擅於興風作浪的文化罪犯。以五尺四吋半的身高來說，她屬一般高度，一雙褐色眼眸閃爍著魅惑人的光芒，自豪的嘴唇在兩排門牙之間微微敞開，皮膚彷若雪花石膏般精緻。她拍過許多照片的臉龐，交替展露出性感、聰明、無聊、有趣等各種表情。即使她穿著在連鎖店以二十元買到的運動長褲，和一雙拍拍作響的便宜拖鞋，依然一副掌控全局的姿態。當她談到正事時，可從她永無止盡的詰問和明快的語調，感受到她實事求是的作風。

「她的感受性很強，」前情人丹・基爾羅（Dan Gilroy）回憶說，這位男士將她引進音樂界。「她問問題是爲了獲得反應，不只是爲了聊天。」當這個話題女神靜下來時，總是在思索新的曲目，她聽各式各樣的音樂，不單是想放鬆心情，而是細心分析著歌曲的原創概念和詞句，然後在筆記本上匆匆摘記下來。深具創造力的她，無時或歇，常在日常生活中擠出創意，並藉由窺探別人的心靈獲取靈感。

誠如她首支音樂錄影帶的製作人艾迪・史坦堡（Ed Steinberg）所說，「她非常清楚她想要的，同時也接受他人的創意。這就是她的成功之道——她並不全然自負。」她挑揀現代文化的骸骨，與其他藝術家合作，建立起自己的音樂世界。《村聲》（Village Voice）雜誌的麥可・慕斯托（Michael Musto）評論說，「那是她的天才，她把在紐約

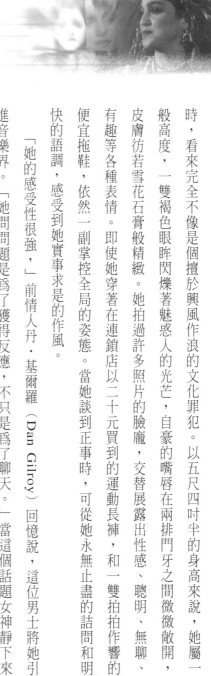

已經玩完了的東西，帶到愛荷華。她的眼光使她化腐朽爲神奇。」

創作歌手安蒂・帕利（Andy Paley）曾和保羅・西蒙（Paul Simon）、布萊恩・威爾森（Brian Wilson）多次合作過，他們在爲【狄克崔西】（Dick Tracy）製作原聲帶時，到過瑪丹娜在洛杉磯的家。這部一九九〇年的電影是由她的情人華倫・比提（Warren Beatty）執導。「她創作時都會戴上眼罩，遺忘所有使她分心的外在事物。」帕利表示瑪丹娜會遣走她的祕書和其他人員，花好幾個小時來創作。帕利和其他作詞家，包括她的第一位製作人馬克・卡明斯（Mark Kamins），對瑪丹娜都有高度評價，認爲她是個被低估的音樂人。「她是我所知最專業的拍檔，」帕利說。「她具有非常清晰的視野，是我共事過最率直的人。」

瑪丹娜敏銳的視覺美感其來有自，她一生皆致力於研究攝影、電影及繪畫。「她是視覺藝術家完美的典例，」噴畫藝術家兼文化評論家弗瑞迪（Fab Five Freddie）表示，他在她住紐約的幾年間，看到了她輝煌的成果。「這年頭你對意象若沒有深刻的了解，就無法在熱門音樂圈裡久待。她對視覺藝術有獨特的品味，而且非常深入。試想有多少的熱門音樂歌手曾聽過弗里達・卡蘿（Frida Kahlo），更別說想拍一部她的電影。」瑪丹娜利用這位墨西哥藝術家的作品《我的出生》（My Birth），來測試她的訪

客，她說要是訪客不能欣賞這幅畫，就無法成爲她的朋友。經過二十年的精挑細選，她的藝術收藏對她來說意義深長。「繪畫是我的祕密花園、我的熱情、我的報酬及我的美麗罪行。」她說，她的收藏品或可反應出她複雜矛盾的性格。

在卡蘿的《我的出生》裡，畫家想像她自己的出生，沒有男人的介入，這個意象削弱了傳統將女人當作子宮的觀點，呈現出女人獨立強壯的形象。瑪丹娜不僅欣賞卡蘿的畫，也認同這位悲劇藝術家的價値觀。「我崇拜弗里達・卡蘿的畫，因爲它們散發出她強烈的傷痛氣息，」瑪丹娜說。她也同樣欣賞像喬治亞・歐吉芙（Georgia O'Keefe）、瑪林・黛德麗（Marlene Dietrich），還有葛莉泰・嘉寶（Greta Garbo）那種強壯的美，以及裝飾藝術家塔馬拉・蓮碧卡（Tamara de Lempicka）的情色風格。她認爲這位畫家之所以不見容於現代藝術殿堂，是因爲她那種雌雄同體、淫蕩自由的畫風，不被政治與傳統稱許。

瑪丹娜對傳統性別角色鍥而不捨的探討，幫助了女同性戀和其他邊緣、弱勢的團體，使之爲主流社會接納。她稱自己的音樂團體爲「離群者」，這強調了她的信仰，她相信自己是傳統的叛徒，是一個異鄉人，自豪地獨立於家庭、教堂及社會之外。這個女人是個受誤解的藝術家，道地的美式奇蹟，她開創了前衛派（avant-garde）的表演風格，錐形胸罩、大膽的狂抓胯部動作、充滿性暗示的眨眼，還有狡猾的幽默都成了她的註冊商標。

一個美國中西部的啦啦隊少女，到好萊塢追求名利，試著擠進名人圈發展閃亮的演藝事業。如今她擁有一切，唯一的遺憾只剩演技未獲肯定。瑪丹娜之所以能廣受歡迎，在於她鄰家女孩的原始形象，她是百萬個美國女孩中的一位，一個活生生的原型，一個近二十多年來，現代美國性感與社會變遷的化身。她的放浪形駭是衆所週知的，她的魄力、野心及肯定生命的哲學，在公司的會議室裡一樣行得通。瑪丹娜所呈現出來的諸多面貌，包括舞者、主持人、製作人、歌手、女演員、娛樂表演者及藝術家，而她扮演最賣力的就是成功的女實業家。有人引用她曾說過的話，「我成功的部分理由，是因爲我是個優秀的女實業家，不過，我不認爲人們需要知道這點。」這個赤手空拳來到紐約的女孩，曾經當過出版人、樂界名人、電視執導、廣告紅人及電影製作人，同時也是世界上最富有的女人，據估計她的財產價值在三億到六億美元之間。「她是一位偉大的女實業家。」首位聘用她的唱片界聞人史坦（Seymour Stein）說。「她非常聰敏，而且信任自己的直覺。」

她的成功帶給商業團體深刻的印象。政客、女性主義者，還有其他道德評議人

士，都在辯論她一九九二年的書——《性》（Sex），連哈佛商學院資深的學者都去向她求教，他們想知道一本五十美元的書，幾天就賣到一百五十萬本的祕訣。他們邀請她去大學演講，但她拒絕了。如果當時她答應，他們將會學到，除去一切爭議與宣傳手法，瑪丹娜的成功其實源於積極、進取與熱情，同樣的元素成就了美國夢。

她是個白手起家的大亨，謹慎投資、保守花費，小心翼翼控制著她的財富。她在電影【阿根廷別爲我哭泣】的合作夥伴瑞斯說，「跟她合作好像在與通用汽車（General Motors）談買賣。」誠然，瑪丹娜是個傳統的資本主義者，恪守規則，從不走錯一步，她以鐵腕經營她的事業。像個典型嚼著雪茄的公司董事長，她總是第一個到達，最後一個離開公司的人，她的工作日誌排得滿滿的，日子過得極有紀律，每晚她虔誠地坐下來，列出明天的目標。

一個曾穿過別人不要的舊衣服的女孩，自然會謹守得來不易的財富，遠離揮霍與投機。「她現在還是跟她身無分文首次來到我辦公室一樣，」帕得爾回憶說，「是一塊錢或一萬元，這無關緊要，重要的是她想了解它。」不像她大膽的公眾形象，瑪丹娜其實是個謹慎的投資者，她選擇安全、利潤優渥的政府債券，遠遠避開股票市場。

她偏愛將部分財富投資在地產與藝術上，特別是名畫。她說，「它是絕佳的投資，也是每天可欣賞的奢侈品。」然而，因她出價時過於審慎，往往錯失許多好的畫作。在地產投資上也有同樣情況。她第一次到倫敦時，震懾於高昂的房價，結果在幾個拍賣場合上，她因為喊價低得不切實際，輸掉了她中意的住宅。她非常節儉，如果讓她挑一首歌曲從目錄上刪除的話，那就是〈物質女孩〉（Material Girl），她總是懊悔錄製那首將她定義為拜金女而非藝術家的歌曲。

像其他自力更生與白手起家的百萬富翁一樣，瑪丹娜相信工作有它的尊嚴，最近對猶太神祕哲學的興致，加強了這個信仰。雖然瑪丹娜會按月給她祖母艾西・芙汀（Elsie Fortin）錢，買電視和家用品給其他親友，她還是堅拒親友擔任閒職。她在世人面前呈現頑強、莽撞的形象，不過，她母性、富同情心的本能，明顯可見，而且不只表現在她溺愛自己兩個孩子——羅狄絲與洛柯上。當時尚宗師凡賽斯（Gianni Versace）被謀殺時，瑪丹娜是第一個致電安慰他妹妹杜娜帖拉（Donatella）的人。她也默默為無數親友的戒毒計畫出錢，協助他們自力更生。她用心深遠且為善不欲人知。她是一位著名的愛滋病愛心贊助者，也是愛心乳癌的捐助者，她母親曾因此病去世。每個感恩節後的星期五，這位歌手都會造訪曼哈頓與黑人區（Harlem）兒童加護醫院，分發帽子、照片及小禮物。

看到這些在死亡中掙扎的孩童，讓她淚水耗盡，深受感動。一回她走進一間加護病房，那裡躺著一個小男孩，已到了白血球症末期，他就是不肯下床。由於沮喪和難過，他似乎已放棄了爲生命戰鬥。小男孩的父親站在他旁邊，無能說服他兒子繼續奮戰。這時瑪丹娜走進他的房間，開玩笑說，「嘿，下床來。你以爲你是誰？」接下來的三十分鐘，她都靜靜坐著與他說話、玩耍，直到最後，他受鼓舞爬下了床，加入其他小孩當中。「每個人都感動得哭了，」一個見證人回憶說道。她是個富同情心的資本主義者，同時也是位具競爭力的百萬富翁。有幾年的時間，她都懷著擁有自己籃球隊的想法。她成爲紐約尼克斯（Knicks）隊的熱心贊助者，原本想進一步參與決策過程，但球隊不太樂意，他們寧可要一個昏睡的生意同伴，結果投資計畫無疾而終。

現在瑪丹娜有能力購買任何她喜歡的名畫和住宅，但這位音樂女王最常掛在嘴邊的口頭禪卻是「我破產了。」她就像英國女王，身上從不帶錢，每天給貼身保鑣或私人司機三百元作爲日常開銷。她有能力僱用貼身保鑣、私人司機、女僕和廚師，但與朋友出去聚餐的時候，卻鮮少至櫃檯買單，而且總是等著別人去叫車。她的前保鑣兼情人吉米・艾爾布萊特（Jimmy Albright）常替她付帳，即便他往往是餐桌上最窮的人。「只要說她吝嗇，她就尖聲抗辯，她不想因富有而被別人利用。」她的小氣也令她在倫敦諾丁山（Notting Hill）住宅的廚子印象深刻。當他炫耀著花了六百元購買的鮮花時，她嚴厲地譴責他的奢侈浪費。在紐約，爲了省錢，她開樸素的車代步，並對那些覬覦她財富的人充滿戒心。在巡迴演唱會途中，她以名人身分與飯店人員討價還價，而且檢查每一張帳單，並爲了額外的電話或傳眞費氣惱。

她的控制慾很強，生活極有規律，每天都有安排好的工作和計畫待執行。偶有閒暇，她會拋開一切去度假，無視任何邀約。她拒絕在超級盃表演賽中演唱美國國歌，並非她缺乏愛國心，而是因她無法控制燈光和音效。九一一事件發生時，這位超級名人展現了她強烈的愛國心與人道關懷，她捐出三場洛杉磯演唱會所得——約一百萬美元給災難造成的孤兒，並領導兩萬名歌迷爲罹難者祈禱。

當她對一件事不以爲然時總會說，「這不民主。」由於嚴以律己，她同樣要求她的工作人員。瑪丹娜是老闆，她會爲了找一雙在她紐約公寓裡遺失的鞋子，將一度是她的祕書，現任經理的亨利．諾曼（Caress Henry Norman）罵到落淚。當她的公關蘿珊寶（Liz Rosenberg）在她上【週末夜現場】（Saturday Night Live）節目之前，在後台拿出她的畢業紀念冊時，瑪丹娜將她大罵一頓，顯然她不喜歡在媒體上提及過去的生活。

床邊的一張照片，讓人得以了解她對控制一切的渴求，以及她多愁善感的性格。照片中的人，就是在她五歲時死於乳癌的母親。她悲劇的死亡，使瑪丹娜從此對生命缺乏安全感，對死亡產生無盡的恐懼。雖然她定期作健康檢查，特別是乳癌檢查，她仍處於與時間賽跑的狀態中，絕望地盡她所能完成生命。她說：「我必須努力鞭策自己，因爲我有魔鬼在作祟。我不想永遠活著，但當我死後，我不想讓人忘記我存在過。」她失去了母親——一位她可依賴其無條件之愛與寵溺的人，這導致她永遠的感情傷害嗎？終其一生，瑪丹娜似乎都在尋求愛，卻也因爲害怕再次受傷，不斷拒絕或拋棄那些愛她的人。雖然她掌握了事業，愛情生活卻經常失控。相對於她高傲自信的公衆形象，瑪丹娜在人際關係上常陰晴不定。「她可以在露天運動場上將八萬人置於股掌之間，然而一離開舞台，她是我見過最沒安全感的女人。」艾爾布萊特說。

另一張小瑪丹娜與父親湯尼·西柯尼（Tony Ciccone）的相片，掛在她小孩的嬰兒室牆上。就如她花一生尋求無條件之愛一般，她也花了數年的時間尋求父親的認同。她永遠記得，自己曾不斷想贏過爸爸，尋求他的愛和接納，並抗拒他那國防工程師與天主教徒的性格。當瑪丹娜在舞台上散發耀眼光芒，她父親仍謹守著傳統虔誠的生活。他們之間的衝突分歧，在她一九九二年出版的《性》這本書中表露無遺。她說此

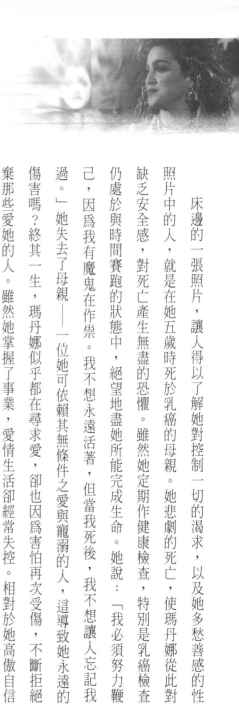

書大體上是反叛她父親、教堂，還有世界的作品。

她的父親，這個賦予瑪丹娜自助、獨立及節儉價值觀的男人，堅決拒絕了她給的禮物，「因爲她賺錢的方式，他不想要她的錢。」瑪丹娜以前的同學露絲・杜佩克・楊（Ruth Dupack Young）解釋道，她與湯尼・西柯尼在通用動力（General Dynamics）共事了十年之久。「他就是這樣，凡事靠自己，他不想成爲她財產的一部分。他是個嚴以律己的天主教徒，遵循規矩，當他發現女兒的反叛時，感到棘手萬分。對他來說，被其他工程師嘲笑是難以自處的。他爲她感到自豪，不過也對她心灰意冷。

然而，這就是她生命的動力，她失去了母親，又與父親有衝突，罪與宗教、性與浪漫、愛與孤獨，都賦予她的作品活力，形成她成功的基礎。她的生活就是藝術，瑪丹娜是畫家，同時也是那張獨一無二的畫布。她想統治世界卻不想改變它。這就是她的故事。

MADONNA
美國夢
The American Dream

在五月的陽光下，蓋塔諾．西柯尼（Gaetano Ciccone），從哈德遜河上的「威爾遜總統號」（Presidente Wilson）客艙內走出來，神情疲累不堪。曾和他一起擠在三等艙裡度過幾個星期的其他旅客也和他一樣。這艘船得繼續搭載貨物橫渡大西洋，每兩個月一次抵達帕特拉斯、那不勒斯及特里斯蒂。而船上所有來自希臘、義大利及東歐的旅客，則不約而同踏上了新大陸，從此各奔前程。

一九二〇年四月九日那天，蓋塔諾．西柯尼手提著輕便的隨身行李，耐心地等候在那不勒斯港岸。十九歲的蓋塔諾顯得稚氣未脫，四尺的身高稍嫌矮小。就在不久，他才與同村的女孩，黑髮的米榭莉娜．迪．尤莉歐（Michelina di Ulio）結婚，比蓋塔諾小一歲的米榭莉娜，是他青梅竹馬的玩伴。他的父母尼可拉．皮特羅和安娜．瑪莉亞，不僅祝福他們的結合，也鼓勵這對新婚夫妻離開帕山特羅，因爲他們知道留在這窮鄉僻壤沒有前途。

蓋塔諾對美國的第一印象是一片喧嚷。他與五、六千名旅客擠在艾麗絲島上，站立在木桌後，等候著移民局官員的審查。他透過翻譯回答移民官的問題，一直站在他身後的妻子米榭莉娜，在入境文件上被改名爲「米榭拉」（Michela）。審查結束後，他走向等著迎接他們的姑父西凱利。蓋塔諾拿出一疊骯髒的鈔票，在找到工作之前，他

還剩下四十美元可以作爲膳宿費。

一九二〇年的亞歷奎帕是一座工業城，瓊斯與勞福林（Jones and Laughlin）鋼鐵公司幾乎支配著此地的一切——從房屋、水源、瓦斯及電力，到銀行、巴士及日用品店都爲其所有。當蓋塔諾・西柯尼第一次來到亞歷奎帕，他看到工廠的大煙囪噴出灰黑色的煙，籠罩著遠處地平線，而城市正上方的天空，自煉鋼場昇起火紅及朦朧昏黃的煙光，瀰漫著嗆人的硫磺味。然而蓋塔諾很快就習慣了這一切。他過去從來沒有在鋼鐵場做過工，現在他和他的族人必須省吃儉用、賄賂工頭，以確保一份在鼓風爐棚旁又悶又熱的工作。最初幾個月，他都要和別的工人輪流使用宿舍裡的床。一段時間後，他習慣了這個社區的生活節奏，初時的艱苦也化爲沉默的汗水。

鋼鐵業一直到一九三〇年代中期，才成立工會，在此之前只有弱勢的聯合組織替被剝削的勞工發出不平之鳴。當地報紙無疑是被瓊斯與勞福林的老板湯姆・格德勒掌控了，定期發出聯合組織是「吸血鬼」、「瘋狗」的論調，並認爲他們應受暴力制裁。公司故意吸收新移民，因爲知道他們尚未加入聯合組織，比較容易控制，也比較願意做礦場上粗重骯髒的工作。新抵達的斯洛伐克人、希臘人、義大利人、愛爾蘭人及東歐人，全都並排在一起工作，在這個多種族的社區沒有共同的語言，因此很難彼此溝通。在移民勞工之間，免不了國籍、種族的歧視。尤其像蓋塔諾這樣的義大利農夫地位最低。一八七四至一九一五年間，美國約有三十九個義裔美國人被私刑處死，這種充滿憎恨的暴力行爲，讓義大利有一段時間中斷與美國的外交關係。西柯尼家族像數百萬的義大利人一樣，拒絕無理的恐嚇，他們沒有被嚇跑，仍留下來努力工作，繼續爲生活奮鬥。

一九二五年，他和米榭莉娜已擁有一個大家庭了。他們有六個子女，分別是吉杜、洛可、奈羅、貝特、蓋伊及西維歐。西維歐生於一九三一年六月二日（西維歐後來將名字改爲湯尼）。他們一起住在艾雷菲尼大道四百二十號一間簡樸的屋子裡，離聖約瑟夫羅馬天主教堂只有短短的路程，蓋塔諾一家都在此望彌撒。女人們加入了洗衣和燙衣的行列，使收支得以平衡。西柯尼家在後院種蔬菜，蓋塔諾則自釀葡萄酒。米榭莉娜是個堅強不屈的義大利妻子，常擔心她的丈夫會在當地的酒店喝到不醒人事——瑪丹娜曾說過，她的曾祖父曾酗酒。

一九三五年七月，美國政府制定了國家勞工關係法，保障勞工組織的建立與權益，這項法案引來許多大公司的反彈。當高等法院下令，瓊斯與勞福林公司要讓那些因參加組織聯盟而遭解僱的工人復職時，公司老闆卻不願照辦。這使得所有工人，包

括女人和小孩都在鋼鐵廠門口罷工抗議。結果四十小時內，公司就妥協了。工會成立十年後，整座城都改觀了。就如工業史家李恩・瓦卡（Lynn Vacca）所言：「這些組成亞歷奎帕多數人口的移民工人，第一次開始視自己爲眞正的美國公民，擁有公民與經濟權。」

年輕的西維歐也像成千上萬的移民小孩一樣，不知不覺地長大成人。這個聰明、勤勉、遵奉傳統的男孩，每天上聖約瑟夫教堂，並和他兄弟一起在教堂庭園上主日學。西維歐有科學、數學及工程的才華，然而，在這個義大利人社區內，對教育普遍懷有疑慮。大多鋼鐵工人不希望兒子步自己的後塵，但也害怕教育會威脅傳統宗教與道德價值，然而他們知道，只有透過教育才能讓他們的子孫逃脫鋼鐵鑄造場。

大多數人跟著流行學英語，他們勤奮工作、教育子女、供養教堂、支持勞工運動，並對美國夢保持信心，這個夢最後也留傳給他們的子孫。西維歐一直想多唸點書以施展抱負，但現實不許可。瑪丹娜清楚說出了他父親的夢想，「我想他要我們擁有比他成長時期更好的生活。」隨著韓戰爆發，西維歐加入空軍後備軍隊，官階升至士官，派駐阿拉斯加，然後遣送至德州聖安奇羅郊外巨大的古費洛（Goodfellow）空軍基地。他在那裡的控制台工作，負責監督學開噴射戰鬥機的飛行員。這段期間他利用下班時間到附近的聖安奇羅專校（San Angelo Junior College）讀書。

一九五二年服完兵役後，回到賓州的家鄉，他又進入日內瓦學院（Geneva College）就讀。西維歐在亞歷奎帕擔任各種工作來支付學費。他始終對天主教十分虔誠，每天上教堂，參加聖經班。一九五五年他拍的一張照片中顯示，一個二十四歲的年輕人，帶著冷靜穩定、聰穎的凝視，以及下垂而頗酷的嘴唇，還有一副陰沉、沉思的好看表情。拍完照片的三個星期後，他往北到密西根的海灣市旅行，在那兒與一位小他三歲，叫做瑪丹娜・路易絲・弗汀（Madonna Louise Fortin）的女孩結婚。

弗汀家族是北美一個拓荒家族，極度誇耀其可追溯三世紀之後的族譜。一六五○年，那時二十九歲的朱利安・弗汀，從法國勒哈佛港出發，打算到加拿大找尋新生活。啓程後三個月，他抵達了小海港魁北克，而且很快找到工作，過著單身的商人生活。他的妻子珍妮佛・甘馬士與他在一六五二年二月十一日結婚，和他育有十二個子女——四個女孩及八個男孩。他們的子女遍居加拿大各省，這些結實碩壯的孩子，成了這個新國家的棟梁。堅忍、固執又有決心的弗汀家族，一脈相承的精神便是「不屈不撓」這四個字。「它代表了決心、頑固，堅決達成目標，」克萊兒・拿邦尼・弗汀（Claire Narbonne-Fortin）這樣說，「所以小瑪丹娜，的確沒讓我們感到驚訝。」

弗汀家族世代以務農與伐木維生。一九一一年六月十九日艾兒西・弗汀誕生，她在海灣市長大。她在這裡遇見維拉德・弗汀，並與之結婚，他是一位木材雇工的兒子，後來成爲海灣市建築公司的經理。虔誠的天主教徒維拉德與艾兒西，將他們的八個小孩送到當地的聖母訪親教會學校，以及後來的聖約瑟夫高中就讀。

一九五一年四月，維拉德與艾兒西的長子戴爾在德州古費洛空軍基地與青梅竹馬的女友成婚，身爲戴爾好友的西維歐出席了這場婚禮，他在此邂逅了戴爾的妹妹，也就是他的終身伴侶瑪丹娜・弗汀（Madonna Fortin）。當時湯尼穿著漂亮的美國空軍藍制服，觀看著新娘與新郎在空軍基地的小教堂裡，舉行非正式的的羅馬天主教結婚儀式。但他的眼中只有伴娘——十七歲的瑪丹娜・弗汀。「噢，她眞是個美人！」凱薩琳回憶說，「他爲她神魂顚倒。」不久之後，戴爾退役回到海灣市，從事木材推銷員的工作。湯尼只要放假就常去造訪，人人都明白他傾心於戴爾的妹妹瑪丹娜。「他倆都很安靜，」凱薩琳回憶說：「她被他吸引是因爲他是個親切高尙的人，相貌英俊，對她好得不得了。」兩人終於在一九五五年七月一日完成終身大事。

這對新婚夫婦似乎代表了艾森豪年代的夢想與價値，那是一個傳統僵化、文化保守的時代，卻也是一個對美國夢充滿信心的時代。維西歐將名字改成湯尼，丟掉亞歷奎帕的藍領生活，進入克萊斯勒汽車公司擔任光學與國防工程師。他在國防工業界發展他的事業，後來轉至通用動力公司旗下設計坦克的休斯集團（Hughes Corporation）工作，賺得六位數字的薪水。

在維吉尼亞州的亞歷山大市住過短暫一段時間後，西柯尼一家遷進位於底特律西北，龐提亞郊區一間窄擠的小平房。瑪丹娜懷孕時，他們用天主教塑像、十字架及其他宗教工藝品來裝飾他們的家。安東尼（Anthony）出生於一九五六年五月三日。瑪丹娜和湯尼打心底服從舊約對多子多孫的肯定，在他們的婚姻生活中，瑪丹娜不是懷孕，就是剛從生產復原過來。他們的第二個小孩馬汀（Martin）生於一九五七年八月九日，而第三個孩子——瑪丹娜．路易絲（Madonna Louise）是在一九五八年八月十六日的早晨出生。家族替這個黑髮的嬰兒取個綽號叫「小濃妮」（Little Lonni），以別於她的媽媽，此後她母親就被稱作「大瑪丹娜」。身爲家中長女的瑪丹娜備受寵愛。但是沒多久，她的妹妹寶拉在一年後誕生，接著克里斯多夫及最小的梅蘭妮也相繼出世。

瑪丹娜在兄弟姊妹中顯得卓然出衆，家人選擇維琴．瑪莉（Virgin Mary）作爲她的教名。多年來，她的教名像是個咒詛而非祝福，成了她必須背負的十字架。這不僅讓她有別於她的兄弟姊妹，也使她和她同學疏離，稍後又在她冒險進入冷酷的紐約，

自動將她定型爲天主教徒、道德人士及鄉巴佬。或許她那長期自我矛盾的家庭、道德與宗教觀，就是源自「瑪丹娜」這個簡單而傳統的名字（Madonna，聖母的名字）。

她是個聰明、能言善道的小女孩，擁有生動的想像力。她喜歡媽媽讀床邊故事給她聽，尤其是關於一個花園住著會說話的蔬菜及友善兔子的故事。她害怕黑暗，常半夜跑去跟父母睡，但總是被她母親趕回房間。爸媽令她感到溫暖安全，但她討厭她的兄弟姊妹。她哥哥湯尼和馬汀總是無情地取笑、折磨她；而妹妹寶拉與梅蘭妮的來到，則搶走了父母對她的關注。「她喜歡大家注意她，而她也經常獲得最多的注目，」她的外祖母艾兒西回憶說。

就像隻羽毛漸豐的雛鳥待在過擠的巢裡一樣，瑪丹娜極度依賴父母的愛憐，尤其是她的母親，她常常帶著無限的愛意與痛苦來回憶她。在她的記憶中，一個「天使般美麗的女人」耐心而辛苦地過日子，她辛勤地相夫教子，身爲一名羅馬天主教輔祭聯會（Roman Catholic Altar Society）的教徒，她常虔誠地祈禱。然而，大瑪丹娜也是個舞者，對古典樂有強烈的熱情，這使得弗汀家族常在想，如果她還在世，小瑪丹娜的才華或許會被引導到古典樂界。

一九六二年她懷梅蘭妮時，被診斷出得了乳癌。她的親友得知這個可怕的消息後，都認爲是她在從事X光技術員任內，鮮少使用防護衣（現已強制使用）之故。老瑪丹娜進出醫院，經歷痛苦的放射線治療時，孩子們往往就寄養在親戚家。瑪丹娜那時四歲，常與外祖母待在海灣市。她們早上定時上教堂，全心禱告，帶著急迫和激情輕聲念著玫瑰經，人人都祈禱奇蹟出現。

老瑪丹娜仍照顧著梅蘭妮，她繼續堅強地打理這個家。她常因虛弱而跌坐在沙發上，這時她的孩子會圍繞著她爬來爬去，要她陪他們玩，或只是想要她撫抱他們。病情轉劇後，老瑪丹娜待在醫院的時間更長了。孩子們想念母親，都期盼到醫院探視她。她在世的最後一星期，因爲不能再進食固體食物，顯得衰弱不堪，但仍努力保持愉快的心情，從她臉上仍可看出信心和與生俱來「不屈不撓」的精神。在她的最後一晚，一九六三年十二月一日那天，老瑪丹娜的六個孩子都圍繞在她的床邊。一小時後，孩子們被帶離她的房間，她去世了。她聖人般堅忍的勇氣，如今已成爲家族傳奇的一部分，在聖誕節前夕，只有三十歲的她與她的六個小孩永別。此外，當時全美國正籠罩在甘迺迪總統被暗殺的哀痛中，這兩樁悲劇，在弗汀與西柯尼家族中留下了無可抹滅的傷痕。

五歲的瑪丹娜無法理解她媽媽的死，直到在她的葬禮上，她才眞正開始了解，她

的家庭生活從此將永遠改觀。彌撒的儀式非常動人，哭泣聲配合著詩歌與禱告聲。對敏感、富想像力的小瑪丹娜來說，這令人窒息的感情浪潮，既可怕又難忘。她看到她媽媽躺在棺木中，彷彿睡著了，看起來非常美麗。然後她注意到媽媽的嘴唇，她花了一些時間才明白，它已永遠合攏了。在那個可怕的時刻，她才了解她的失落。她母親在人世間最後的形象，永遠留存在她記憶中。

西柯尼家的小孩對母親之死，各有不同的反應。哥哥馬汀和湯尼用粗魯的方式表達他們的憤怒，他們到處丟石頭、放火。相反地，瑪丹娜退回自己的世界，只要離開家門，她就想嘔吐。家是個庇護所，一個混沌世界中，安穩、溫暖的避難處。她常常被惡夢驚醒，只能在爸爸的床上安睡。

瑪丹娜天生富有愛心及母性，她很快就周旋於弟妹當中，像媽媽一樣照顧他們。對一個極度渴望愛與寵溺的敏感小孩來說，失去對她付出耐心、無條件之愛的人，永遠改變了她與外在世界的關係，讓她更強壯、更獨立，然而也變得更貪求情感，更不信任他人。她對愛無止盡地尋求，可以解釋許多她在公眾場合與私下的行爲，渴望獲得關注，也是使她成爲全球偶像的動力。

當她二十出頭，處在音樂事業的轉捩點時，她已在紐約與男友——藝術家兼音樂家丹．基爾羅同居。那時，她經常耽溺在清晨的沉思中，對著錄音機談起一個想收養她的韓國女人的故事，那敘述清晰地勾起她對母親的記憶。她用哀怨的聲音說，「我需要一個媽媽。我不停找尋她，但一直找不到。我想要一個媽媽可以抱抱。」

童年的足跡

"This Used to Be My Playground"

一切都是一九八〇年代熱門樂團「一群海鷗」（A Flock of Seagulls）的錯。音樂記者尼爾・泰南（Neil Tannant，後來成爲「寵物店男孩」（Pet Shop Boys）的團員），約訪這些奇蹟般一曲成名的歌手，但他們都沒露面。氣憤之餘，他打電話給一位叫做瑪丹娜的年輕歌手，安排與她在城中一家咖啡館碰面。那時，她已唱了幾首單曲，不過還不算走紅。她準時到達，渴望給人好印象，因爲她知道良好的公關有助於她的事業。當然，才華也是成功的要素，不過要贏得驚人的名聲，就得仰賴一些有趣的故事——特別是與性有關的故事。她只是個年輕的歌手，一個野心勃勃渴望成名的女孩。「我是個壞女孩！」她一開始就如此說道。

「我幾乎說不出話來，」泰南回憶道：「她一直講個不停。」這次訪談在一九八三年十一月的《Star Hits》樂評雜誌上刊出後反應出奇良好，雜誌銷售量大增。報導內容除了有瑪丹娜的自述，泰南還特地收集了一些資料和照片，這些她過去生活的痕跡，有助於我們了解瑪丹娜神話是如何誕生的。檢視她的歷史，我們會發現她是個值得玩味的藝術家，她是個強壯、性感的亞馬遜女戰士，利用性做爲武器，在她邁向音樂與演藝事業的高峰路上，號召信徒並除去一切障礙。

有趣的是，從她對童年的描述中，可看到好奇與遵從兩項衝突的特質同時影響著

她。孩提時，她即對周遭的世界、自己的身體和性，有一連串的疑問。「為何我不能穿長褲上教堂？又為何我不能外出去玩？假如神是良善的，祂為何帶走我媽媽？」她曾對學校的修女非常著迷，她們看來總是寧靜、充滿力量，像神一般的存在。為了想知道這些修女到底是神還是人，她和一位同學爬牆進入修道院，想一窺修女莊嚴的衣著下到底是什麼模樣。結果她們發現，原來修女也留頭髮。

她後來雖然覺悟到羅馬天主教在本質上便壓抑女性，但童年時天主教誇張的彌撒崇拜與巴洛克式儀式，激發了她豐富的想像力。「我強烈意識到，神在觀看我的一舉一動，」一九八五年她告訴《時代雜誌》說，「我到了十一、二歲左右，還相信惡魔就藏在地窖裡，我得飛快跑上樓梯，他才抓不到我的腳踝。」瑪丹娜早期所受天主教沉重傳統的教養，無疑深深影響了她。這或許也是她選擇維若妮卡（Veronica）這個別名的原因（維若妮卡是替十字架上的耶穌拭去臉上血汗的一位少女）。

信教的小孩，總會不自主地被死亡的神祕吸引。瑪丹娜五歲時就經歷過死亡，她至今仍懷著母親死後憤怒的情緒。有回她告訴爸爸說，假如他去世，她要與他一起埋葬；而另一回她卻做了白日夢，夢想因父母死於一場車禍，她過著孤兒的生活。這些孩子氣的想法填滿她的惡夢，對死亡複雜的感受一直縈繞著她，即使她成年了仍徘徊不去。她一再做同一個惡夢，夢中她被活埋，無助地陷在地下一具棺木中，昆蟲、老鼠及其他小動物啃囓她的身體時，她竟動彈不得。這個惡夢除了象徵她對死亡的恐懼，同時似乎也爲她不安於室的性格提供了若干解釋。她不僅害怕身體上受限，也是無法接受精神上的束縛，因此，她不斷抗拒任何可能束縛她的事物，包括她父親的規矩、羅馬天主教的教條，或是任何她認爲將會限制她發展的感情及社會規範。

她對生命、死亡及天主教的矛盾情感與日俱增，讓她變得多愁善感。男女的差異也開始撩動瑪丹娜年輕的心靈。教堂的教導與外祖母艾兒西的訓誡——她曾警告她不貞節的女孩下場悲慘，再加上缺乏生理方面的知識，使得這個妙齡少女，連瞥見她兄弟的裸體都想作嘔，「我覺得男生很討人厭，」她回憶說。她記得在一堂生物課上，她和一個同齡的男學生必須解剖一隻老鼠。她受不了甲醛的臭味，於是離開教室。當她回來時，她的同伴已解剖好大半隻老鼠，不過卻留下小動物的陰莖讓她處理，讓她深感震驚。

她敏銳的好奇心、豐富的想像力及無止盡的精力使她在學校裡出盡風頭，從唱詩班到女童軍，後來進入啦啦隊，她向來是校園裡的風雲人物。然而在家裡，她的興趣是玩芭比娃娃、聽熱門音樂、在鏡子前打扮化妝。她定期帶著好成績回家，因爲只要

一科獲得甲等成績，就能獲得五十分錢的獎勵。她爸爸發現她精明的頭腦而要她學法律，他認爲瑪丹娜聰明、能言善道、組織縝密又好辯論，無疑會成爲優秀的律師。

不同於她「乖女孩」的形象，她的兄弟姊妹都很叛逆。她的哥哥安東尼和馬汀，變得狂野不羈，不時在外面打架滋事，後來更學會吸毒酗酒。如今，剛成年的安東尼，加入了慕尼黨（Moonie），而馬汀則要在勒戒中心住上幾個月，費用常都是由妹妹代付。瑪丹娜非常厭惡哥哥青春期的行爲，他們總是取笑且折磨她。「一個潑婦！」馬汀有回訪談中如此形容她的妹妹。而瑪丹娜則想起他們是如何在她打小報告後掌她的嘴；還有一次，他們竟用曬衣夾將五十磅重的她吊在曬衣繩上哭叫。不管哥哥如何欺負她，她總是奮力反擊，這三人從分擔家事到使用錄音機總吵個不停。置身這吵嚷的家庭，瑪丹娜的弟妹克里斯多夫、寶拉和梅蘭妮日子並不好過。沒有瑪丹娜漂亮、受歡迎的寶拉，或許是過得最辛苦的一位了，她總是活在姊姊的陰影下。安靜、溫柔又有藝術氣質的克里斯多夫，從不構成威脅，而梅蘭妮，由於是家裡的小妹妹，蓄著單綹金髮辮，最惹人疼愛。

就像大家庭中常發生的事一樣，湯尼・柯西尼的六個子女不時在爭奪有限的空間、時間和父愛。瑪丹娜尤其渴望獲得父親的疼愛與贊同。如她自己曾說的，「家人都知道，我只想成為爸爸的掌上明珠。」為了贏得認同，她會幫忙做家事、跟他去望彌撒或主動照顧弟妹。她自小就懂得善用魅力來贏得爸爸的歡心。她在廚房餐桌上，以秀蘭·鄧波兒（Shirley Temple）的方式即興跳舞，或者坐在爸爸的膝上要當第一位報告當天上學心得的人。她曾說，「我是爸爸的最愛，我知道如何利用他對我的愛來達成目的。」

「瑪丹娜是一個漂亮的小女孩，她總愛跳舞，」她姑媽貝蒂·西柯尼回憶說，「西維歐也是個漂亮的好舞者。」即使弗汀家對老瑪丹娜的早逝，已經平靜了下來，悲劇卻又再次打擊了他們。一九六六年戴爾·弗汀死於白血病，留下他妻子凱薩琳獨自撫養七個子女——三男四女。「我必需承擔一切，」她承認說，「我需要堅強的意志與雙手，這並不容易，不過湯尼的情況可能更糟。」

當災難落到湯尼及他孩子的頭上，他以堅強理性的態度應對。他是一個嚴格有紀律的人，他盡力以自己的道德智識來教養他的孩子。他鼓勵他們勤奮工作，盡情遊戲。然而在團體生活中，他難免疏忽個別小孩的需要。雖然無人可取代老瑪丹娜，他感到家裡還是需要另一個女人來幫忙養育、引導孩子。

父親的再婚使八歲的瑪丹娜深感氣憤。她認為他以關愛子女為藉口，背叛了她去

世的媽媽和她，而且她的新繼母也僭越了瑪丹娜家族「小淑女」的地位。她迅速從掌上明珠變成叛逆的女兒。瑪丹娜從一開始就視她的繼母瓊爲敵人，拒絕叫她一聲媽媽，對她的敵意甚至一直延續到今天。

瓊．西柯尼結婚幾星期內就懷孕了，一九六七年生了一女——珍妮佛，翌年又生下一子——馬里歐。湯尼感到他們在龐提克的房子太小，住不下一家十口，又覺得是該與過去作一了斷的時候了，於是決定搬到附近較富裕的羅徹斯特（Rochester）郊區。他們搬進奧克拉荷馬街二〇三六號一棟兩層樓殖民風格的紅磚房子。聖安卓教堂就在街道上，這座羅馬天主教堂是這一家人望彌撒的地方，它附設的兒童學校，對十歲的瑪丹娜來說，離家只有一小段愉快的路程。

這個聰明又活潑的小女生，總是令她在聖安卓的同學感到驚異。社區裡圖米家十歲的尼克馬上就與瑪丹娜熱絡起來。他是新進的運動員，而她是個耀眼的啦啦隊長，於是他們就成了一對小情侶，兩人繞著校園互相追逐，在課堂上有說有笑。尼克跟她一樣，都在大家庭中排行中間，所以很了解她的心情。如他所說，「我倆都有『水仙情結』，貪求著被人注目。當你身處大家庭，生活忙碌不休，大家都在爭取關注，你自然就會做出一些與衆不同的事來。她跟別人一樣，靈魂裡有個巨大的裂口，需要被愛、被注意。」

她那時最好的朋友是露絲．杜佩克（現在的露絲．杜佩克．楊）是一個害羞內向的小女生。露絲在個性上幾乎與瑪丹娜完全相反，她沒有競爭性，是個羞怯的陪襯者。「她是個快樂的女孩，」露絲回憶說，「她個性開朗、大膽自信，事事都想冒險一試。」這兩個女孩喜歡在彼此家過夜，播放露絲新買的泰姆拉摩城（Tamla Motown）公司的唱片。露絲記得，瑪丹娜就跟無數的少女一樣，偏愛隨著音樂起舞、閒聊、購物或聚在一起打發時間。

露絲認識西柯尼家以後，就知道瑪丹娜不只在同學中出衆，在家人間也顯得突出。她外向的個性，與她爸爸、繼母、兄弟、妹妹的個性相反。她對人都很熱情，唯有對待她繼母的態度很冷漠。露絲看得出瑪丹娜對瓊的憎恨。「我替她繼母感到難過，」露絲坦白說，「事情對她來說很棘手。她總鼓勵瑪丹娜，從沒抱怨過。但是當她們又打又吵時。瑪丹娜會整個人騎在她身上，像個小孩子一樣。」瓊不希望她的繼女化妝，要她穿著適合的衣服上學。然而，等瑪丹娜一到學校，她就會到盥洗間換上她藏在棕色包包、從家中偷渡出來的短裙或裸露的上衣。課後，她會換回原來衣服，擦掉化妝品，然後走路回家。

西柯尼家庭的氣氛，因兩人的衝突而烏煙瘴氣。受到家庭不和諧的影響，瑪丹娜的青春期充滿憤怒與偏激的想法，她視自己爲西柯尼家的灰姑娘，被迫打掃清理，還要照顧弟妹，而她兄長卻逃避責任，她的朋友在陽光下嬉戲。幾年後，她接受《滾石》雜誌的卡利·費舍（Carrie Fisher）訪談時宣稱，雖然她爸爸從沒打過她，但是瓊卻常常摑得她昏頭轉向。在十二歲時，有一回，瓊把她打得流鼻血而錯過彌撒。

她上舞蹈課，學跳踢踏舞、爵士舞、交際舞及旋轉指揮棒舞，不僅使她在亞當斯高中大出風頭，也奠下未來事業的基礎。每星期六她幾乎都去上舞蹈課或參加當地的舞蹈比賽。無論瑪丹娜願不願意承認，她「邪惡的繼母」竟陪著她嘗試各種舞蹈課程，鼓勵她、讚美她，並在她失望時安慰她。「西柯尼太太不計前嫌的爲她加油。」露絲·杜佩克·楊回憶說，「她很想成爲舞蹈家，但很怕失敗，西柯尼太太永遠在一旁鼓舞她。」露絲又說，「她是個好人，從不會讓人忘懷瑪丹娜的媽媽。有訪客到家裡時，她會拿出湯尼的第一任妻子的照片給他們看。她對此事非常大方。」但那並不是瑪丹娜印象中的繼母，「我從不視我的繼母爲我媽媽。她只是一個扶養我的女人而已，一個支配我生命的女性。」她說，「我忽略她而走過青春……我總認爲自己是個沒有媽媽的小孩，我確信這跟我的率直、開放有很大的關係。」

一九七〇年她從聖安卓學校畢業，接著進入公立西高中（West Junior High School）就讀。那時十三歲的瑪丹娜和她的同學，有幾個星期的時間都在練習例行舉辦的才藝競賽，這項競賽要在學生家長與學校教職員面前演出。露絲和另外一個同學南西・巴隆編了一支體操舞，瑪丹娜則排演了一齣獨舞。她穿著一件防水長上衣，戴上一頂寬邊帽，打扮成一個私家偵探，隨著一齣流行的電視秀「特務」（Secret Agent）的主題音樂起舞。經過三分鐘熱烈的演出後，表演便在炮聲中落幕。

彩排期間一切都依計畫進行，瑪丹娜的戲劇老師對她的表現頗爲讚賞。在表演當晚，瑪丹娜的演出到結局前一直都很完美。然而，當落幕的槍砲聲迴響整個禮堂時，她卻揭去長上衣，露出穿在裡面的黑緊身衣。這個即興的演出，令觀衆驚異不已，而且導致憤怒的湯尼將她禁足兩個禮拜。那晚她自然沒贏得獎項，他的父母都認爲瑪丹娜是個早熟得令人頭痛的孩子。「觀衆們都說『天啊，才十三歲就做出這種事。』」露絲承認說。這樣奇怪的行爲或許可以解釋爲爭取愛與注目的手段。就如同她裸露的校服是爲了反叛繼母一樣，那晚她的行爲，也贏得了氣憤的父親久違的關注。

一九七二年，她跟隨兄長東尼和馬汀上羅徹斯特的亞當斯高中女生部，那是一所很大的綜合學校。因靠近幾個高爾夫球場與購物中心，讓人感覺像鄉村俱樂部一樣。

這並不令人感到訝異，因爲這所學校的學生多數是白人中產階級富家子女，他們居住的集水區，現今平均屋價至少二十萬美元。這與瑪丹娜早期在一些訪談裡，說她的學校是在市內黑人住宅區所給人的印象，相距甚遠。事實上，她在亞當斯高中四年期間，學校只有一個黑人學生。至於她的同學則包括辛蒂．克芮治（Cindy Kresge）這個美國零售業巨擘凱馬特（Kmart）億萬財產的繼承人之一，還有後來因參與黑手黨而成爲頭條新聞人物的卡拉托斯（Caratos）兄弟。

雖然她是班上年紀最小的一位，在校的兄長卻早已讓她聞名於高年級的學生群中了。她聰明機智、友善又活潑，入學第一年，便通過領導低年級啦啦隊的試鏡，也因學年學業成績優異，名列前十名而得到一面徽章。她是法國俱樂部與合唱團的會員，熱中參與學校生活，贊助援助兒童計畫，還自願在當地的游泳俱樂部擔任救生員。「她深具學術上的創意，」路辛達．亞克斯勒（Lucinda Axler）回憶說，他也是啦啦隊領導。「她是班上的風雲人物，常惹麻煩，不過她享受生命、樂觀進取。瑪丹娜總是膽大妄爲、勇氣十足。」

雖然如此，她還是個典型的中西部少女，會在學校的廁所跟別的女孩一起化妝、閒聊男孩子，到一間點心咖啡館「拉斯普馬斯」（Las Pumas），或當地的麥當勞聚談。

也會像別的啦啦隊長一樣，對那些奇怪卻令人迷惑的男孩子感到興趣。她的前任校園情人尼克剛在別校度過少年期，進入亞當斯高中就讀。「我記得又看到她了，她變得很輕佻。」他說，「她希望能吸引男孩子的目光，但我不認爲她會到處跟人睡覺。」

有一回她對家人聲稱要待在好友露絲家過夜，兩人打算當晚睡在後院的帳篷裡。後來瑪丹娜和露絲就悄悄溜出去，步行一英哩路去參加一個男孩家舉辦的舞會。「我相當緊張，不過事情就像她計劃好的一樣，」露絲說道，「她和我曾共赴同一個男孩的約會。然而她與男友的交往都維持不了多久。」

她對女性魅力的自覺、她引人注目的需要，還有她一長串仰慕者的名單，不久就引來關於她性行爲放蕩的謠言。「人們總覺得她是那種不檢點的女孩，」李亞・加吉諾回憶說，他是代表班上畢業致辭的人，現爲小兒科醫生。當時瑪丹娜有一個綽號——「花痴」，她至今都爲此憤慨不已。「我和別人一樣跟男孩接吻，」她說，「所以我不知道一切謠言從何而來。我現在還會聽到像『娼妓』這樣的字眼。」有次她在校外遇到一個女學生，狠狠罵了她一頓，並結結實實地摑了她一巴掌。事實上，她的第一次性經驗平淡無奇，那時瑪丹娜十五歲，經過六個月的約會之後，她和一個足球運動員在車後座草草了事。這位曾是學校運動英雄男主角羅素・隆回憶道，「我好緊張，以

致無法將她的胸罩解開。」他現在是美國聯合包裹服務公司的貨運司機。

雖然瑪丹娜仍想贏得爸爸的歡心，但她已經改變了。她不再是想討人歡心的小女孩，而是一個懷疑、無禮的青少年。湯尼的嚴格權威和天主教的教規都不再能像以前那樣統馭她了。在一九七〇年代早期的美國，瀰漫著緊張和衝突的氣氛，許多人留起長髮表達對舊世代的反抗；女性主義者像吉曼・基爾（Germaine Greer）與葛羅莉亞・史坦能（Gloria Steinerm）寫的書和文章，鼓舞了女人的心和靈魂。這些對舊有價值觀的抗拒，匯聚成一股強大的力量，即使在美國心臟地帶也感覺得到。

當瑪丹娜參與創立的亞當斯高中狄斯比斯協會（Adams High Thespian Society），決定上演經典舞台音樂劇【福音搖滾】時，大家都認爲她是擔任蘇妮雅（Sonia）一角完美的人選。戲曲的作詞人史蒂芬・許瓦茲（Stephen Schwartz），把她這個角色描寫成唐突而有點冷朝熱諷，是這群角色中最像都市人。也是性感的一位，不過她的性感含有很大的做作成分，像麥・威斯特（Mae West）的風格。瑪丹娜曾在校方的舞台作品【亞當斯家族】（Adams Family）中，演過一個備受稱讚的摩提西亞（Morticia）角色，也主演過【窈窕淑女】（My Fair Lady）和【灰姑娘】（Cinderella）。蘇妮雅是爲她的才華量身訂做的，所以幾星期之後，學校宣布舉行一項才藝表演，瑪丹娜就決定演出【福音搖滾】中的歌曲〈回歸塵土，噢，人類〉（Turn Back, O Man）。有幾星期她無休止地演練動作、複誦歌詞。然而，她的辛苦得到了報償，因爲當她穿著黑緞長褲、灰緞上衣上台演出後，全場迸發一陣刺耳的口哨聲、噓聲還有喧嘩聲，全體觀衆不約而同地站起來熱烈喝采。

「我永遠不會忘記，」卡蘿回憶說，「我們都感到震驚又印象深刻，因爲我們不知道她有這種才華。青少年幾乎只會取笑好友，不會看重他們的成就。所以有那樣的反應，顯示出她的表演有多麼出衆。」其他的人也同樣印象深刻。據尼克說，「對瑪丹娜而言，那是突破性的演出。她幾乎迷惑了整個體育館的人。」

瑪丹娜鞠躬時流淚了，她感到既緊張又興奮。當喝采與歡呼聲退去後，她覺得自己改變了。她發現很難把此刻的感受訴諸言語，不過稍後回想起來，她覺得有點類似「回家」的感覺。

這個美國女孩，就要出發去追尋她的命運和夢想了。

MADONNA

天生舞者

Destined to Be a Dancer

從各方面看來，尖酸刻薄、善於整人的克里斯多夫．弗林，都是一個充滿挫折感的舞蹈家。這個曾在約弗瑞芭蕾舞團（Joffrey Ballet）待過的舞者，懷著揚名四海的夢想，現在卻發現年過四十的自己，正在中西部小城一間灰濛濛、沒沒無聞的教室裡，教一群笨拙、聒噪的少女跳舞。當瑪丹娜第一次走進他位於羅契斯特的教室，這位浮誇的同性戀者正享受著折磨學生的快感，他看著眼前這位溫順可人的十五歲少女，不確定她是否能成爲他的高徒，當然更不知道有一天，他將爲她的離去黯然神傷。

或許是她的沉靜、落寞，讓弗林打住了他一貫譏諷的態度。她緊張地表示自己想跟他學芭蕾舞。她是鼓足了勇氣才做此決定的，不僅因爲這位老師素以嚴格著稱，瑪丹娜個人也冒了大險。她學過踢踏舞、爵士舞，還參加過當地的舞蹈比賽，但芭蕾才是眞正的挑戰。芭蕾嚴酷的訓練，足以讓最有才華和最堅強的人受挫。她想知道自己的才華和體能是否配得上她的自信與野心，儘管必須面對她最深的恐懼——失敗，她也得冒險一試。

接下來幾個月，她每晚兩小時努力地上完嚴格的課程，有時她會練到腳流血才告一段落。「訓練是相當嚴酷的，」她的同學瑪莉．艾倫回憶說，「如果做錯了，弗林會用棒子打人。」最令人難以忍受的是弗林的譏諷和漫罵，他常語帶污衊與色情來指

導學生，「想像妳屈膝，而在妳底下有支雷達天線，它必須直接滑進妳裡面。」他是個對生活深感失望的人，經常以長篇激論、惡毒的咒罵，將學生貶到落淚。「他常對我們大吼，要我們把跳舞當成最重要的事，」瑪莉·艾倫說。

然而，弗林對舞蹈的熱中，感動了這些女孩，她們信任他的技巧，願接受他的訓練。瑪丹娜這個與家庭失和的女孩，無疑是個渴切的門徒。由於渴求著父親的愛與關注，所以無論何時何地，她總在尋找讚美。弗林的讚賞非常美妙，因爲他的標準那麼高、那麼嚴格。她記得那天，弗林課後看著她，然後說她很美，五官就像古羅馬雕像一樣。這些話出自一個曾形容自己長得像「狗」，又給自己取個綽號「爛泥巴」的男人，聽來格外悅耳。「以前不曾有人對我那樣說，」幾年後她說道，「他說我很特別，還教我欣賞美——不是傳統的美，而是眞正的精神之美。」

他帶著這個渴切的門生上底特律去參觀博物館、藝廊及聽音樂會。他們討論詩、書籍還有藝術，弗林樂於傳授他的知識與洞見，瑪丹娜則喜歡當一個渴求又好問的學生。他的舞蹈課探索著她體能的極限，而他們白天的遠足，則是一趟令人歡欣鼓舞的藝術發現之旅，從而拓寬了她的視野。那時她的品味敏感而纖細，醉心於浪漫派詩人、拉斐爾前派畫家、史坦貝克與費茲傑羅的小說、普拉絲之流的悲劇詩人，還有詹姆斯．狄恩的電影。

瑪丹娜就像成千上萬受苦而焦慮的青少年一樣，在現代文藝作品中找到自己的思維與衝動，而這種尋求也改變了她的人際關係。她一直覺得自己是家裡的異類，當她升入亞當斯高中四年級時，變得更為疏離冷漠。弗林給了她一把開啓文學與藝術之門的鑰匙，瑪丹娜說，「他是我的良師益友、我的爸爸、我想像的情人、我兄長，我的一切。他了解我。」然而，她的改變卻讓她的朋友幾乎認不出她來。她變得沉靜、好學、離群索居。除了心智上的變化。她的新外貌有點像波希米亞人，隨性不羈。

煥然一新的瑪丹娜引來滿城風雨，說她與舞蹈老師談戀愛的謠言很快傳遍了校園，無論眞相如何，可確定的是她與弗林幾乎如影隨形。他帶她到底特律市區的同性戀俱樂部，在那裡迪斯可舞曲淹沒了一切，充滿活力的氣氛，令人愉悅且興奮。置身數百名不停扭動、汗流浹背的男同志之中，瑪丹娜感到既性感又自在。雖然這些同性戀者吸毒、性行爲粗暴，但對瑪丹娜來說，他們溫順、討人喜歡且充滿生命力。她感覺他們就像她一樣，是被嗤之以鼻的邊緣人。

一九七六年，十七歲的瑪丹娜在弗林的力促之下，決定提早一學期離開學校，計劃在密西根大學的舞蹈系覓得一席之地。在兩人互相勉勵之下，弗林贏得大學教職。

透過弗林與輔導老師南西的推薦，瑪丹娜得以進入大學深造。之後身爲大學舞蹈教授的弗林，也幫她順利爭取到全額獎學金。對一個三年前才認眞學芭蕾的少女來說，獲得獎學金簡直是不可思議的事。她爸爸原本期望他的長女能進入法律界，現在也爲她的成功感到自豪。

瑪丹娜上大學後，即認眞地投入學習，她大部分時間都和弗林在一起，上他的課，跟他到當地的同性戀俱樂部跳舞。對其他學生來說，她是這位自大、乖張教授的小跟班。每一次開課之始，他都會強迫學生秤體重，如果超過一一五磅，就會羞辱他們。瑪丹娜聽他的話，猛吃爆米花和冰淇淋聖代，並瘋狂地做仰臥起坐來保持苗條身材，每每搞得面色發青。她的同學琳達・艾蘭茲（Linda Alaniz）記得，「她吃著不健康的飲食，我確信那時她已瀕臨厭食症的邊緣。不過，她絕望地想取悅弗林。」

跟別的學生一樣，瑪丹娜有一份繁重的功課表，一天有兩堂九十分鐘的舞蹈技巧課，再加上兩小時爲大學表演藝術課演練。她在學生中顯得卓然出眾，不僅因爲她的才華，也因爲她的專注與投入。凱・迪蘭西（Gay Delanghe）教授，這位大學舞蹈系的系主任記得，這位「龐克少女」，很快就變成一個「優秀的舞者」。「她有堅定的決心、專心與活力達成一切，」她說，「她的素質令人側目。她學習力強，許多人做不到的動作，她都可以完成。」琳達也記得，瑪丹娜喜歡引人注目。「她會嚼著口香糖走進芭蕾舞班，穿著一件引人發笑的緊身衣，用安全別針別在一起。她的樣子看起來像個龐克，卻很孩子氣，像個沒得到注目而感到絕望的小女孩。」

在她上大學的第一個月，認識了校園裡的美髮師馬克，很快他們就熱絡起來。馬克帶她去跳舞或外出吃飯——他總是付錢，因爲她永遠缺錢用。他們談了一段短暫的戀愛之後，仍保持著良好的友誼。「她對學舞蹈非常專注用心，」馬克回憶說，他有一陣子去上弗林的舞蹈課，「瑪丹娜自尋樂趣的時候，顯得非常開心。」對她來說，她的樂趣就是跳舞。

她定期和琳達、懷特莉，及另一位同學珍妮絲・加蘿威（Janice Galloway）整晚外出跳舞。一次，瑪丹娜遇見了對她的未來影響深遠的年輕人史蒂芬・布瑞（Stephen Bray）。這位深情、說話輕柔文雅的黑人服務生，具有許多與她生命攸關的男人相同特質。她發現他是當地樂團的鼓手，接下來的幾個月，她便常去他們的演唱場所跳舞。在這段期間，琳達首次注意到瑪丹娜一個可貴特質，「我們回家時都很晚了，但是她簡直不可思議地嚴守紀律。她每天早晨八點鐘，永遠準時上舞蹈課。她從沒錯過一堂課。」

瑪丹娜明白她注定要做大事。如果舞蹈是她成名的通行證，那麼紐約就是她可以實踐夢想的烏托邦。沒多久，她就開始抱怨安亞柏生活步調的緩慢，她想往東發展她的未來。在一封給朋友的信中她寫道，「我必須到紐約去。我也明白那裡可讓我跳舞的機會極小，但我得去試試自己的能耐。」

像她灰姑娘的童年一樣，瑪丹娜抵達紐約的故事，也成爲她神話的一部分了。傳說一九七八年夏天，她買了一張去紐約的單程機票，口袋裡帶著三十五元和想成名的火熱欲望。她招了一輛計程車，自信滿滿地告訴這個驚訝的司機說，「載我到全世界的中心。」他迅速地讓她在時代廣場下車，她在暖和的夏日穿著一件厚冬衣，拖著行李在那兒尋找住的地方。一個親切的陌生人，據說是失業的芭蕾舞蹈家可憐她，就讓她在他的長沙發上睡了幾個星期，直到她找到自己的住處。

不幸的是，事實總不如傳奇浪漫。其實她早在一九七七年二月就到過紐約了。當時她申請了艾文艾利美國舞劇院（Alvin Ailey American Dance Theatre）在紐約爲期六星期課程的獎學金。院方安排了一項試鏡，馬克借了她爸爸的車，開了六百多英哩，從安亞柏將她載到曼哈頓去面試。她表演給試鏡評審團看過之後，匆忙間隨便吃了點東西，就回到安亞柏。他們待在紐約還不到二十四小時，這趟旅行顯然極爲值得——她贏得了獎學金，在紐約度過一個疲憊不堪卻很有成就的夏天。那年八月瑪丹娜才十九歲，她第一次與那些口若懸河、積極進取又充滿野心的年輕舞蹈家混在一起。「我想我好像置身一個名人工廠，」她有次在《滾石》雜誌訪問中說道，「人人都想成爲明星。」縱然如此，經驗卻刺激了她的胃口，她回到大學後，更致力於成爲專業舞蹈家。

當芭蕾舞大師珀爾・蘭（Pearl Lang）前來訪問安亞柏時，她的夢想也漸漸成眞。珀爾・蘭是前瑪莎・葛蘭姆（Martha Graham）現代舞團首席獨舞者、珀爾・蘭舞團（Pearl Lang Company）的創立者，曾與愛文・愛利共同創立紐約美國舞蹈中心（American Dance Center）。蘭在大學以韋瓦第（Antonio Vivaldi）的樂曲爲本，替學生創作了一首曲子，瑪丹娜是表演新作的學生之一，她的才華、敏感讓蘭還有她的舞蹈教授凱・迪蘭西印象深刻。瑪丹娜也明顯受到蘭的啓發，漸有成長。雖然羽翼未豐，但她優異的表現無庸置疑，獲得獎學金也是實至名歸。

她大二還沒唸完時，弗林要她憑自己的直覺行事，到紐約尋找機會。「學院舞蹈的確迷人，」他稍後說道，「不過還是有其極限。我可以看得出來，瑪丹娜無法滿足於此。還有那麼多事物有待她去探索，全都在紐約。不要遲疑了，丟下瑣碎事情去紐

約，快去！她最後終於去了。」儘管瑪丹娜開始對學院生活不耐煩，她還是因失去獎學金和學位而猶疑不決。她也知道，她的家人不希望她放棄學業，她父親認爲在她到紐約探險之前，應該先拿到文憑。

湯尼和大學教授都認爲她應留在大學一展長才。迪蘭西教授說，「我們全都告訴她當她更成熟、更有才能時，機會更多，不過她沒有接受。我總覺得她在家缺乏指導與支持。算是半個親人的弗林則支持她去紐約。」她又對此補充說，「她年輕、天真而缺乏良好的忠告。」十九歲的她，聽從了弗林的建言，她去年夏天的經驗也使她對紐約心生嚮往，遂決定到那裡實現自己的夢想。

做了這個決定後，瑪丹娜意識到她會失掉賴以維生的獎學金，就開始到處打工。她在冰淇淋店上班，還定期在杜莉酒吧當女服務生。除了吧台工作，她也在本地的藝術課偶爾充當裸體模特兒，擺一小時姿勢賺十塊錢。有回爲了五十元外快，她和琳達及懷特莉到教堂裡表演。瑪丹娜站在講壇後面，用粗嘎的聲音唱了一首名爲〈小理查〉（Little Richard）的熱門歌曲。「老師對她大喊要她停止，說那是冒瀆的，」琳達回憶說，「那是珍貴的回憶，是我第一次聽她唱歌。」瑪丹娜將那次表演所得的五十元及酒吧小費，藏在紐約市芭蕾舞團瑪莎史郎貝（Martha Swope's）的書裡。根據琳達所言，「她有數百張藏起來的二十元鈔票。我可以保證，即使是瑪丹娜，也沒有膽量只帶著三十五元的旅費到紐約打天下。」

一九七七年六月，第二學年結束時，她就微笑地向同學道別，由弗林陪伴驅車開往機場。他們的離別充滿甜蜜的傷感。雖然他鼓勵她離開，但她離去之後，他卻有好久一段時間陷入深深的沮喪中。「他愛她，」琳達相信，「她離開後，他是那麼的悲傷。」

一九七八年七月，一年一度的美國舞蹈節在在北卡羅來納德漢（Durham）的杜克大學（Duke University）舉行。她聽從弗林的忠告，與密西根大學的舞蹈學生合作參加盛會。瑪丹娜是數百位來自全國各地渴望成名的舞者之一，不過，她的才華在整個試鏡會上顯得特別耀眼。當珀爾·蘭這位舞蹈大師，宣布了由她勝出後，她走到講台上領獎，天眞地告訴這位舞蹈家說她的夢想是與偉大的珀爾·蘭合作。「我告訴她我就是珀爾·蘭時，她的眼睛瞪得大大的，」蘭小姐說道，之後又淡淡地補充說，幾個月前她到密西根大學，才與瑪丹娜合作過的。

她對蘭的作品深感著迷。瑪丹娜受到現代舞的啓發，遠離了她未來的熱門音樂事業，遠離了古典芭蕾。她形容蘭的藝術門徑爲「痛苦、黑暗、充滿罪惡感、非常天主

教式的。」正規的舞蹈訓練使她沉浸在創作的過程中。對瑪丹娜來說，身爲現代舞女祭司瑪莎葛蘭姆門徒的蘭，代表與藝術最高境界的聯繫。上課後才幾天，她就問這位舞蹈家，是否有機會在紐約的蘭舞團覓得一席之地。蘭對她的才華與決心印象深刻，她在想這個女孩在城裡是否有認識的人？她該如何過活呢？「別擔心，我會設法的。」瑪丹娜毫不猶豫的回答。珀爾．蘭倒憐憫起她來，於是那年十二月便幫她在舞團安插一個位置。

加入珀爾．蘭舞團後，她在一齣舞劇【我從沒看過另一隻蝴蝶】（I Never Saw Another Butterfly，這是關於納粹大屠殺的故事）中演出。蘭覺得瑪丹娜瘦弱、陰沉及飢渴的樣子，非常適合演劇中猶太區的小孩。即使如此，她還是吩咐她再減輕十磅。蘭對瑪丹娜在一齣名爲【花神中的蘿莎】（La Rosa en Flores）的現代芭蕾舞劇裡的舞姿極爲讚賞。「瑪丹娜的姿勢極美，」蘭說道。瑪丹娜的其他特質也令她獲得蘭的賞識，「我喜歡她的傲慢、飢渴及膽量，」蘭繼續說，「她總是樂觀進取。決心做一件事便勇往直前，排除萬難。」甚至當她穿著奇裝異服出席彩排，也沒有改變蘭對她的看法，「當她工作時，表現總是很棒。」

瑪丹娜需要籌錢繳學費，蘭也爲她在近卡內基館的俄國茶室（Russian Tea

Room），找到一份兼差的女服務生工作。她在被開除之前，做了這份時薪四塊半的工作達數月之久。她在當肯甜甜圈店（Dunkin' Donuts）才一天就被解僱，因爲她將一位顧客噴了滿身水，而在漢堡王還有其他速食餐廳打工也維持沒多久。「她無法忍受這些工作。」幾個月後也搬到紐約的馬克回憶說。

她很快又在當地藝術學生聯盟（Art Students' League）重拾時薪優渥的裸體模特兒工作，每小時可賺七元。一九七八年冬天，有一段時間她與兩位「藝術」攝影師比爾．史東（Bill Stone）與馬丁．史克瑞柏（Martin S. Schreiber）合作拍裸體照來增加收入。雖然這些照片在她成名後引起軒然大波，兩人都認爲她是個非常專業的模特兒，表現自然生動且毫不尷尬。就她而言，這只不過是另一個謀生方式罷了，所以，當史瑞柏約她出去時，她沒有任何浪漫想法，只想免費大吃一頓。當她的老同學琳達到紐約探訪她時，瑪丹娜帶她到一家兩人都負擔不起的昂貴餐廳吃晚餐，並說服她付帳。琳達明白瑪丹娜三餐不繼，唯有以騙吃騙喝的方式在都市裡掙扎求生。

令人難過的是，當瑪丹娜向琳達透露，一九七八年秋天，她在公寓大樓樓頂被人以刀尖抵住遭受性攻擊時，她不願相信她。但不幸的，這次的故事卻是眞的。琳達稍後才明白，這個經驗在瑪丹娜心裡，留下了深刻傷痕。當時，瑪丹娜仍在適應都市生

活，學習街頭的生存智慧。就在她破爛的公寓大樓外面，一個體格健壯的黑人走近她，刀鋒抵住她的喉嚨，逼她轉身進入公寓大門。之後他們慢慢爬向頂樓，瑪丹娜全身因恐懼而麻木，她拖著腳步走上樓梯，一步接一步，決定做他要求的任何事以求倖存。

他們抵達樓頂後，侵犯者用刀尖強迫瑪丹娜幫他口交，因恐懼而癱瘓的她順從了。事情結束後，這個沉默的侵犯者突然離去，就像他突然出現一樣，留下她獨自一人，處在完全震驚的狀態。她在那裡坐了很長一段時間，淚如泉湧地抽噎著，她的情緒混攪著恐懼、鬆懈及恐怖的羞辱，她害怕得不敢回頭，因爲怕那個邪惡的持刀者還在樓梯等候她。最後，她鼓起勇氣下了樓，帶著支離破碎的身心，一路走回家。

有很長一段時間，她想甩掉整個意外事件。她告訴她的友人，彷彿在敘述一件瘋狂的軼事一般。無疑的，她已經以自己的方式克服了創傷。她向一位臨床醫學家諮詢並吐露此事，「我被強暴了，而這並不是光榮、迷人的經驗。」她在訪問中說道。接著又說這個創傷使她變成更堅強，雖然讓她永遠不再口交了。就像許多遭受性侵犯的受害者一樣，那時她受到了汙辱，困窘又羞辱，這無疑地更增加了她的孤寂感。幾年後，當她想起那天，曾坐在林肯中心的噴水池旁哭泣。她每天寫日記吐露她的傷痛，這已成了一生的習慣，也常是她許多歌詞靈感的來源。

「瑪丹娜去吧，去吧！」這是諾李斯·柏胡斯（Norris Burroughs）在一九七八年聖誕節前抵達蘭在中央公園公寓舉行的舞會時聽到的第一句話。瑪丹娜穿著豹皮緊身衣，熱力十足地在跳舞的人群中扭動。「像儀式似的，」他回憶說，「彷彿她是在火圈裡跳著舞一樣。」他立即加入舞群，並贏得了瑪丹娜注意。第二天，他的朋友麥可·凱斯勒（Michael Kessler）打電話給他，請他出來一聚。在麥可身旁的瑪丹娜抓起電話大喊，「帶著你美妙的白蘭度（Brando）體格過來吧！」

他們開始約會，不久，她每星期花上兩三晚待在他的公寓裡。他們的羅曼史只維持幾個月，不過即使如此，諾李斯這位藝術家，對瑪丹娜的生命具有清晰的洞見且在背後推動它。她過著波希米亞式的生活，飢渴地吞嚥海明威、汲取畢卡索、品嚐勃朗寧以滿足心智。她也不關心日常的打扮，對諾李斯來說，「瑪丹娜不願屈服或被綁住的自由靈魂，讓我震驚不已。我從沒想過用鏈子繞住她的頸項，所以我們的友誼能長久。與性有關的回憶都很模糊，也很浪漫。她表現得很溫柔，感覺很美。」他們散步到曼哈頓去參觀教堂和藝廊時，諾李斯就猜到，她想成爲艾文艾利或珀爾·蘭舞團的首席舞者。他受到她的野心及決心的感動，於是送她紐瑞耶夫（Nureyev）的傳記。

「她想要那樣的成就，但不知從何著手。」他沒料到她後來會成爲歌手，舞蹈是她的藝術、抱負。

就在瑪丹娜表達出自己的志向不久後，她就永遠離開了舞蹈界。這個年輕舞者開始抱怨珀爾・蘭的舞風太舊式，她教導舞者練舞太苛，而演出的機會太少。舞團裡也有許多別的舞者，擁有與她同樣的才華，使她一想到就痛苦。瑪丹娜渴望獲得稱讚、喝采，甚至奉承，她的個人主義與舞團團員格格不入。直到現在，她才漸漸看到曙光，但在想到還要苦練三到五年才能加入巡迴表演，之後還得與十幾位兼具野心與才華的年輕舞者競爭，最後才能到達首席舞者閃亮耀眼的地位，她感到夢想似乎比在安亞伯時更遙遠了。在那兒，她至少一年可參加兩次舞蹈比賽。珀爾・蘭記得她離開的那一天。「有天她說，『你知道跳舞很難？』我回答說，『我知道很難。』她說，『我跳到背痛。』我回答，『大家都有背痛的問題。』她接著說，『我想我會成爲搖滾明星。』她離開了，我再也沒見過她。」

瑪丹娜除了在學校外，從未在公衆場合唱過一首歌或彈過吉他。之後幾個月，她開始感受到要離開舞團的痛苦。的確，有好長一陣子，她談著要進入別的巡迴表演舞團，現實卻變得比以往更遙不可及。不過，她仍深愛跳舞，夜夜外出狂歡。她旋轉、旋轉又旋轉，一邊唱著那首已成爲她個人頌歌的曲子——葛羅莉亞蓋娜（Gloria Gaynor）的〈我會活下來〉（I Will Survive）。

瑪丹娜・路易絲・西柯尼
盛裝初領聖餐禮。

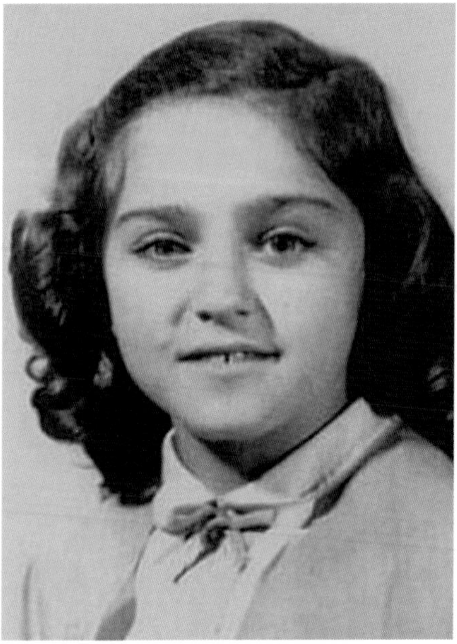

瑪丹娜九歲時 在一場才藝表演的留影。

瑪丹娜十二歲時的照片。

一九七三年，瑪丹娜（中）就讀於密西根州羅徹斯特市的亞當斯高中時，擔任學校的啦啦隊長。

瑪丹娜之父西維歐・派崔克・西柯尼。瑪丹娜與父親的關係向來很複雜，在她想獲得他的認同之際，她反傳統的行為，卻常使保守堅定的湯尼・西柯尼感到不安。

「小濃妮」（左）被寵愛她的媽媽——瑪丹娜・路易絲・弗汀抱著，她去世於乳癌時，瑪丹娜才五歲。

瑪丹娜總是學校戲劇表演中的主角，吸引了她渴望的掌聲，包括對她擔任【福音搖滾】一角永遠的喝采。

在密西根羅徹斯特她就讀的高中，一場化裝舞會中扮演匪徒的女友。相對於她所稱在黑人鄰區成長的情況，學校裡只有一個黑人學生。

一九七六年瑪丹娜為密西根大學同學琳達・雅蘭茲的攝影擺姿勢。她苗條的身材歸功於節食吃爆米花與冰淇淋聖代。

十八歲的瑪丹娜為密西根大學舞蹈研究生彼得・肯特擺姿勢。她這時期削瘦的形體與反常的飲食習慣，讓她的朋友感到震驚不已。

（左和右）琳達・雅蘭茲為就讀於密西根大學舞蹈系的瑪丹娜拍攝的照片。

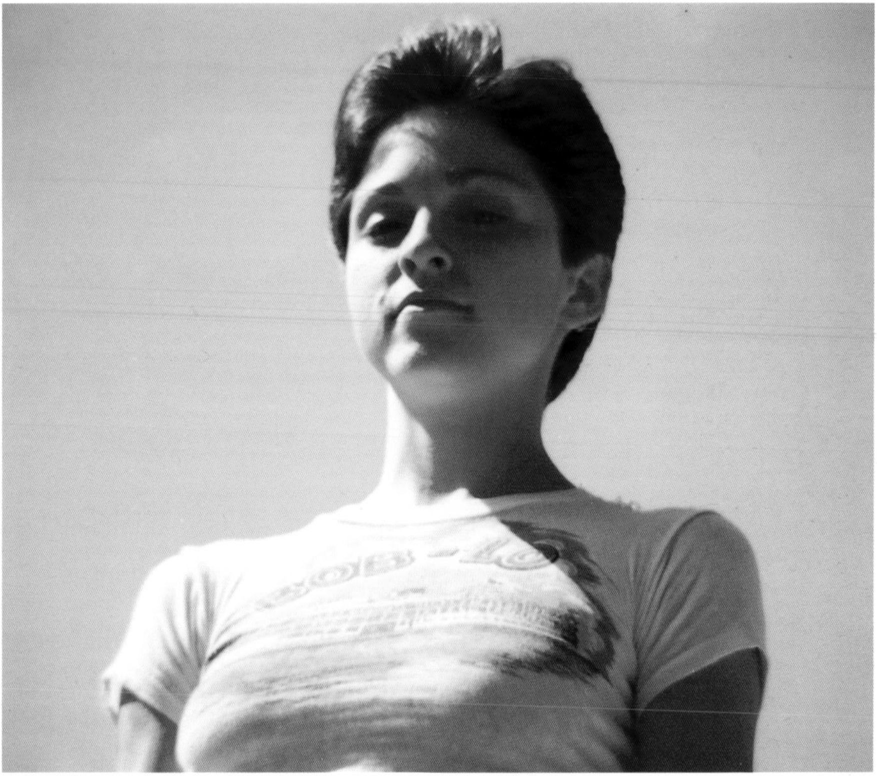

一九七七年二月，相傳瑪丹娜為當時她的男友馬克・道蘭高斯基擺姿勢照相。事實上是道蘭高斯基開車載瑪丹娜，從安亞柏到紐約遠赴艾文艾利美國舞劇院去試鏡。

一九七八年瑪丹娜與她的舞蹈教練兼良師益友克里斯多夫・弗林，他是首度將她推向明星之路的人：他說服她應該離開大學，到紐約追尋她的夢想。弗林正開車載瑪丹娜到機場。

在紐約，瑪丹娜背棄了專業舞蹈，由丹・基爾羅引導，重新將她的活力導入音樂事業。照片中是她的第一個樂團「早餐俱樂部」：安琪・史密特、艾迪・基爾羅、丹・基爾羅以及瑪丹娜。

一九七九年夏天的瑪丹娜，在改建的猶太教會堂屋頂上，和她的男友丹・基爾羅住在一起。

安琪・史密特離開「早餐俱樂部」後，瑪丹娜開始擔任樂團主唱。但是，她對成為樂團焦點的需求，導致她與丹・基爾羅的關係破裂。兩張照片中，她和基爾羅兄弟全穿著新浪漫風格的白衣，在紐約市區Bo's Space俱樂部駐唱。

瑪丹娜為琳達・雅蘭茲擺姿勢。她經常在紐約充當美術系學生和攝影師的裸體模特兒，以賺取她的生活費。

在紐約的音樂大樓她用三百元買的吉他練唱，「艾咪」合唱團就在這個破敗、骯髒的地方排練。

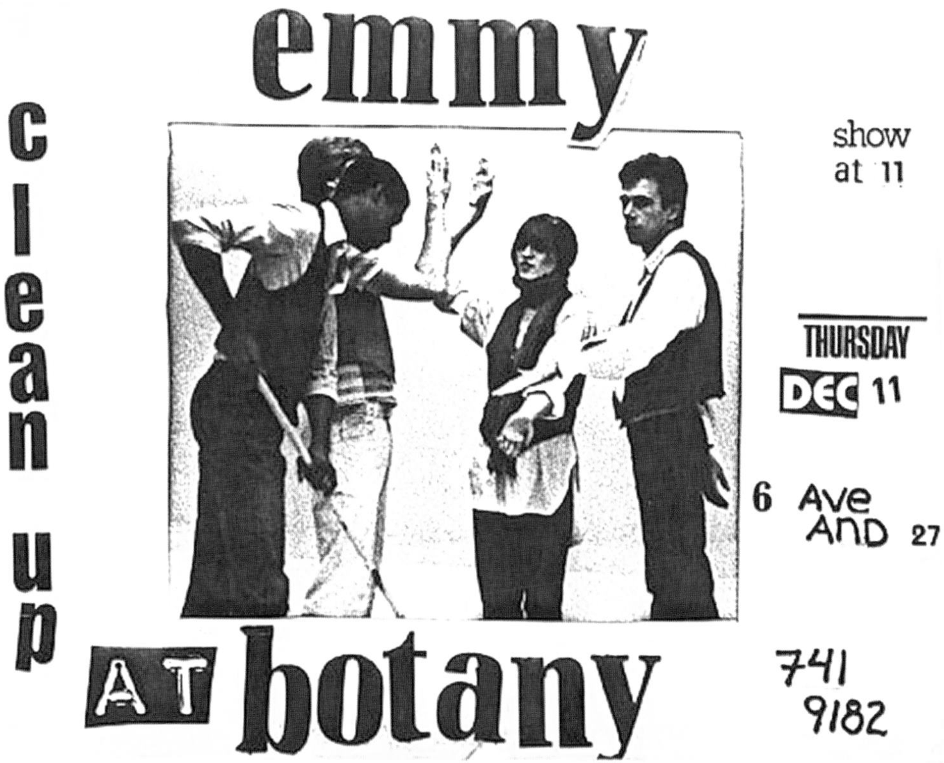

一張「艾咪」合唱團的珍貴招貼傳單，瑪丹娜於一九八〇年創立這個樂團。她擔任主唱，布萊恩・西姆斯成為吉他手，蓋里・柏克是貝斯吉他手，史蒂夫・布瑞擔任打鼓手。

（左和右）一九八一年，瑪丹娜在紐約葛來美西公園飯店頂樓留影，相較於現在的浪漫，
多了幾分龐克。

瑪丹娜在馬克斯俱樂部的表演。這個俱樂部是這位金髮美女事業起飛的地點。

瑪丹娜在曼哈頓馬克斯・肯薩斯城駐唱期間，穿著一件縫上鈕扣孔的男睡衣演唱。她的密西根大學男友史蒂夫・布瑞擔任鼓手。

在瑪丹娜早期事業中，她出現舞台時，都穿著任何能拿到手的衣物，她向經理借來斜紋棉布夾克，還有二手的飾邊衣領。

一九八一年六月，瑪丹娜在紐約Media Sound 工作室簽下灌錄示範錄音帶合約。從左到右是：亞當·阿爾特、瑪丹娜、約翰·羅伯特、蘇珊·普拉納，以及瑪丹娜的經理卡蜜兒·巴邦。

（左和右）二十四歲出版第一張唱片的瑪丹娜，在此可以看到她與尚・米謝・巴斯基亞特在一起，她與這位布魯克林區出生的著名藝術家飛快地牽扯上關係。

瑪丹娜的外觀不斷在演變，就像這張照片——一九八〇年代早期委託她第一位經理卡蜜兒・巴邦拍攝的一系列畫像之一——清楚顯示的一樣。

MADONNA

失落之歌

The "Lost" First Songs

尋找一位熱門音樂明星早期失落的唱片，或許不能讓許多考古學家感到興奮，但對熱門音樂史家來說，這些歌曲就像在國王谷（Valley of the Kings）挖出的無價寶物一樣。紐約皇后區猶太教會堂地下室的「挖掘」活動正進行著，主持這項活動的是艾迪．基爾羅（Ed Gilroy）。基爾羅走下螺旋梯，一直走到陰暗的地下室。他用手電筒照亮四周，直到光線停在一只難以辨識的白塑膠袋上，袋子窩藏在幾幅畫當中，那是他的藝術家哥哥丹（Dan）留下來的。艾迪搜遍塑膠袋，然後露出滿足的微笑。他拉出一卷錄音帶，帶子中央貼著一張幾乎無法辨識的標籤。仔細看寫在標籤上潦草、神祕的字跡，那是用黑色墨水寫的字句：「早餐俱樂部隊——打擊樂器末期2」（Bkfst Club Set-- Work Percuss 2 End）。

他小心地將錄音帶放在布滿灰塵，已有三十年歷史的錄音機上倒帶。接著，他擺好錄音帶，按了「播放」鈕，古老的輪軸開始轉動了。時光彷彿回到了一九七九年夏天，那搖滾樂與新浪潮（New Wave）的時代。透過耳機強勁的鼓聲、兩把吉他聲，還有重重敲擊的搖滾節奏，仍清晰可聞。帶子傳出來的歌聲年輕、充滿活力，還帶著鼻音，這是瑪丹娜的第一首歌。

這首約三分鐘長的歌，有簡單、通俗的歌詞，很適切地描寫出她對舞蹈的熱愛。

她的聲音因嘶喊而有些沙啞，令人熱血沸騰。就像她的吉他手艾迪所說，「她的音質純粹，傾瀉而出，全然地奔放不羈。」他回顧她初次在他面前試聽這首歌，詢問他這首歌是否夠格納入他們樂團——早餐俱樂部（the Breakfast Club）的曲目裡。他身後是一把與卡羅・羅貝利（Carlo Robelli）相同的原聲吉他，她用這把吉他學會弦樂，並創作出她的第一首歌。

一九七九年四月，一個偶然機緣她認識了諾李斯，從此改變了她的命運。現今他們已不再是情侶，但仍維持著友誼。他邀請她參加朋友在市區房子頂樓舉行的國際勞動節派對。她做好頭髮，穿了兩件式的T恤，還有芭蕾短裙適時抵達。柯提斯・札樂（Curtis Zale）說，「她很逗趣、賣弄風情又高聲喧嘩，像個二十歲的小孩。我一點都沒興趣，但丹卻喜歡她。」

幾天後，瑪丹娜與丹碰面，然後搭巴士到大都會美術博物館的分館。他們邊走邊談，丹知道她將到法國開創新事業。早幾個星期，就有兩位比利時電視製作人——尚・凡劉（Jean van Lieu）與尚・克勞戴・貝勒林（Jean-Claude Pellerin）安排她試唱。他們是歐洲迪斯可明星派崔克・荷南德（Patrick Hernandez）的經紀人。他的單曲〈爲活而生〉（Born To Be Alive）總銷售量達兩千五百萬美元，讓他一躍成爲國際明星。由於他的聲音較弱，有人勸他們利用舞者來支援歌手，並與他合作錄製第二首單曲〈迪斯可女王〉（Disco Queen）。兩位經紀人正在爲他的演出物色伴舞，瑪丹娜從一千五百位候選人中脫穎而出，起初她堅持只當舞者，不願在最後的試鏡中唱歌，結果很勉強地演唱了〈生日快樂〉。

瑪丹娜試唱之後，就成爲荷南德樂團的一分子。她搬出公寓，在飛往巴黎之前，與作家兼舞者的蘇珊·柯韓（Susan Cohen）同住在格林威治村布利克街上的葛來美西公園飯店。她依然需錢救急，離開前的六月，她向丹借了十五元度過難關，並謹慎地開了張支票給他。丹了解他會有好一段時間看不到她，「她將會凱旋而歸！」他說道。事情的發展並沒有如兩人所願，她很快就發現她的比利時贊助人缺乏創意。當她正興致勃勃推展自己的事業之時，她的製作人卻熱中於增加他們的腰圍。

幾星期過去了，瑪丹娜愈發感覺這個樂團品味庸俗、做作。對她來說，每個時刻都是珍貴的，每小時都要有成果呈現，她覺得自己彿彷被展著翅膀的戰馬車不斷追逐。這個特質可能沿襲自她父親，或來自母親的早逝，使瑪丹娜具有一股狂熱、不耐煩的脾氣。這個特點在她整個事業生涯中一再出現，且清楚說明了爲何她會放棄舞蹈生涯。瑪丹娜很快對這個樂團失去耐心，她決定離開。六月搭飛機回家之前，她告訴

荷南德，「今天的成功是你的，但是明天它會成爲我的。」

在她即將二十一歲生日時，她成了一文不名、半途而廢的人。有一陣子，她寄住在曼哈頓一位哲學系學生的住處，她又開始定期會見丹，不久她就搬進他與弟弟艾迪共住的皇后區猶太教會堂。「那是一處爲她而準備、舒適的地方，」丹解釋說，「這個失業的女孩到處遊蕩，不知道去哪裡。這個地方有足夠的空間讓她跳舞，還有洗衣機及烘乾機，再加上位於義大利人鄰區，她還能不滿意嗎？」

瑪丹娜能重溫她生命中美好的時光，當然要大大歸功於基爾羅兄弟創意、逗趣與慷慨的個性。出生於紐約，身爲前空軍與國家飛行員兒子的丹與艾迪，從小就熱愛音樂。他們第一次的二重奏，是在他們媽媽的鍋盤上表演的，而且是由一首小曲所啓發的，過了幾年，他們與朋友組成了各式樂團，加入的人有蓋里・柏克（Gary Burke）與麥克・莫納漢（Mike Monahan），還有瑪丹娜的前男友諾李斯。

與丹和艾迪在一起的那年，顯然是瑪丹娜人格與事業的轉捩點。她懷著欲望卻沒有方向，懷著野心卻才能不夠。就像弗林擴展了她舞蹈的視野一樣，丹也令她看到音樂的潛能。有一天，他拿起他的卡羅・羅貝利古典吉他，教她怎麼撥弦，她很快就上手。「對她來說，那眞是大開眼界的事，」丹回憶說道，「她原以爲作詞曲很不容易，然後她終於明白，『哇，那並不難。』我記起有一天晚上，她用吉他彈了第一首小曲兒，從那時起她就寫了許多的歌。」

由於她是個訓練有素的舞者，具備極好的節奏感，所以丹認爲她最好從鼓樂開始。他教她基本技巧，之後她就不斷地練習打鼓。就如同艾迪說的，「丹是個靈感啓發者，他開發你的潛能。他是個非常善於培育能力與創意的人，當他教她打鼓，你可以看到她逐漸散發光芒。」然而，從舞蹈轉移到音樂並非一夕之間的改變。瑪丹娜仍繼續到曼哈頓上舞蹈課，她和丹每天早晨都會繞著弗拉許草原公園跑三英哩路，在進入工作室不眠不休地跳舞、練習。在丹的教導下，她開始看到另一個更容易獲得喝采，而不需苦苦練舞的方式。

有回他們去看一個叫做「淋濕」（Get Wet）的樂團，它是由一個名叫傑卡（Zecca）的年輕人創辦的，主唱是外型性感的茄莉．碧琪佛朗（Cherie Beachfront）。當這位歌手挺著大胸脯，穿著有襯裡的裙子，趾高氣揚地繞著舞台炫耀時，瑪丹娜卻嚴肅地看著她，雙臂交叉擺在胸前，默默表示不贊同。茄莉的聲音平庸，舞步不熟練。他們談了一會兒地下音樂，預言其將引發流行風潮。瑪丹娜站在一旁想著，「這實在太簡單了，我也能做到」。

瑪丹娜的改變也影響了她的朋友安琪・史密特（Angie Smit），她是一個美麗的荷蘭女孩，是她在曼哈頓舞蹈課上認識的舞者。不久，瑪丹娜發現安琪會彈低音吉他，便將她帶回猶太教會堂住處，加入艾迪和丹的樂團。安琪的生澀，讓瑪丹娜在表演時更有自信。早餐俱樂部（The Breakfast Club）就在一九七九年夏末誕生了，這樣命名是因爲他們常常通宵排練，然後到當地一家義大利餐館吃早餐。

丹的栽培及安全、自由又溫暖的環境，啓發了瑪丹娜的創作天份，也催生了這個樂團。

她一學會在鼓上輕敲節奏，就開始赤裸地表露自己了。丹教她作曲，配上她從巴黎寄給他的信中那些感傷的詞句。寫歌對瑪丹娜來說，顯然是另一個美妙的發現，讓她了解自己日常生活所發生的事，她每晚在日記上記下的想法、感覺與回憶，這些都組成她歌曲的精神。一首首歌從她的筆尖與吉他裡湧流了出來，「我不知道它們來自何處，就像是魔法。」

艾迪記起那些早期的歌說，「她一直談著失落、自尊感低落，還有她積存已久的心事。她在這裡很穩定、很安全，可以回顧過去，將那些痛苦表達出來。」

這些陰沉、內在觀照的抒情，反映出她個性眞正的一面，縱然她隱藏得非常好。

瑪丹娜在表面上從來就不是憂鬱之人。這些早期的歌，對她來說是種淨化、療癒的儀式，藉由向人述說來面對她的過去，以得到繼續向前走的勇氣。在大衆面前她顯得積極、活躍又合群，性情慷慨大方。早期的傳記家與評論家熱切地爭辯她利用每個人，將他們當成她邁向成功的踏腳石。丹不認爲瑪丹娜是個自私、鐵石心腸的人，他說，「我喜歡胸懷熱情的人，她對創作還有其他像練瑜珈、跑步、音樂、跳舞都很熱情，她還瘋狂的練鼓。」艾迪也認爲瑪丹娜是個溫暖又坦白的朋友，他說，「我喜歡她的慷慨，總是盡力幫忙。她非常合作，那麼努力地創作。她爲我付出了全部的時間與精力。」

幾星期的練習之後，丹認爲讓她見識街頭現場演唱的時候到了。他們決定全副白色打扮，找出家裡所有的零錢，搭地鐵到曼哈頓。丹胸前掛著一個擴音機，瑪丹娜則帶著一把電吉他。他們站在高夫和威士頓大樓（Gulf and Western）外面，對著出外午餐的一群拘謹的辦公室員工唱著他們的歌。沒多久，瑪丹娜的吉他樂音就吸引了警察的注意，警察迅速發噓聲將他們趕走，他們一邊漫步走開，一邊仍彈唱著，像個遊蕩的吟遊詩人一般。

他們的樂團曾數度應邀上流行的有線電視台「唯一紐約」（Unique New York）演

唱。藉此，他們的音樂被廣大的聽衆聽到了。他們開始在一些傳統的小型俱樂部前駐唱。瑪丹娜有史以來首次的現場演唱，是在UK俱樂部（UK Club）舉行的，那是一家市區音樂表演場，以烈酒及收藏英國大事記爲人所知。他們日以繼夜地練習，直到完美無瑕。瑪丹娜打鼓，安琪彈低音吉他，艾迪與丹分別主唱和彈主吉他。瑪丹娜邀請了經紀人、唱片製作人等音樂界人士，還有許多朋友來捧場。

他們也曾在在鄉村青草地藍調（Country Bluegrass Blues），還有在CBGBs俱樂部演出。俱樂部現已成了紐約地下音樂的固定表演現場，那是一處喝酒場所，灰泥牆貼著數百張以前樂團的海報，他們在那兒已演唱好幾年了。基爾羅明白音樂界探子常常在此聚會，他們演唱時，丹注意到布力克・鮑伯（Bleecker Bob），這位卓越的唱片公司老闆也在觀衆當中。他們努力演唱以爭取他的好感。有回在舞台上，瑪丹娜離開了鼓樂器，拿起麥克風唱了幾首丹寫的歌曲，觀衆興奮尖叫不已。然後，在一片安靜的觀衆之間，她打了一個大嗝，讓布力克・鮑伯大爲生氣，他事後批評她是個「外行歌手」。然而，丹明白她的用意，「那是因爲她想成爲焦點，她總喜歡獲得注意和回應。」

接下來的演唱會，她唱了幾首抒情歌，對音樂的信心也大增。她將奉獻給舞蹈的活力與熱情灌注到萌芽的音樂事業中。她每天打電話，接洽俱樂部、經紀人、音樂界要人，她籌辦現場演唱會，不眠不休地尋找機會發行唱片。如此努力，使她非常無法接受失敗。有一次演唱會在一家運動酒吧舉行，這家酒吧爲前紐約洋基（Yankee）棒球員費爾·林茲（Phil Linz）所有。四重奏演唱完後，觀衆的反應很冷淡，沒有喝采歡呼、鼓掌，甚至沒有口哨、噓聲。這裡的顧客似乎更樂於觀看戲耍表演、喝啤酒。基爾羅兄弟開過各類稀奇古怪的現場演唱會，對於冷漠反應，往往只是聳肩作罷，但對瑪丹娜來說，缺乏觀衆的支持，使她大受打擊。

安琪和瑪丹娜仍是好友，這個荷蘭舞者正努力地要與樂團其他團員並駕齊驅。但是她不像瑪丹娜與基爾羅兄弟那樣投入，常常準備不足就來排練，難免與樂團漸行漸遠。無論如何，表面上一切似乎都很美好，艾迪、蘇哈、丹、瑪丹娜、安琪與她的荷蘭男友亨利，一九七九年十一月於世貿中心餐廳，過了一個非常溫馨暢懷的感恩節。十月時，安琪還曾在一部名爲【某種犧牲】（A Certain Sacrifice）的小電影中，扮演瑪丹娜的「性奴」角色，這部影片成了瑪丹娜成名後擺脫不掉的陰影。

瑪丹娜在一九七九年六月踏入電影圈，當時她到處尋找演出機會。《後舞台》（Back Stage）雜誌前總監史蒂芬·約·雷威基（Stephen Jon Lewicki）刊登的一則廣

告，吸引住了她的目光。他正在物色「一個膚色暗沉、個性剛烈的年輕女子，要有支配力，活力充沛，能跳舞，願意不爲酬勞而工作。」她寄給他一份履歷表，還有數張照片。雷威基安排在華盛頓廣場公園與她會晤。他對她的第一印象很好，就決定讓她主演布魯娜（Bruna）一角——一個復仇的統治者。這部四小時的情色電影，讓她賺到二萬元。由於片中滿是陳腔濫調的對話，過分考究的動作，也許是上帝保佑，在拍攝【某種犧牲】途中，雷威基的現金用完了，主演的演員也解散了，所以瑪丹娜才能將更多時間花在音樂上。

瑪丹娜與樂團漸入軌道，安琪卻被個人的問題纏繞，她發現自己難以配合樂團的排練。所以，當新年初樂團以前的忠實團員「大熊」蓋里・柏克（Gary「the Bear」Burke）從亞特蘭大回來，想在個樂團覓一個位置時，大家就認爲安琪應該走了。由於蓋里加入貝斯吉他手，還有一位基爾羅兄弟的同學——麥克・莫納漢，接掌鼓手，瑪丹娜則「晉升」到舞台前，借助丹和自修學習管風琴、電子琴。

此時樂團的問題不是他們會在哪裡演唱，或以什麼風格呈現，而是誰要主唱，及唱誰的歌。蓋里和麥克加入後，讓樂團的樂音美妙多了，而在九首歌組中，丹、艾迪和瑪丹娜各唱三首。即使這樣，瑪丹娜仍堅持唱更多自己的歌。她和丹常在清晨漫步時，談到改變演出形式。

他們在CBGBs俱樂部，還有其他市區俱樂部定期表演，並在本地幾家報紙上，儲備了些一知半解的支持評論。樂團決定灌錄一捲樣本錄音帶，提供各俱樂部試聽。錄音帶錄製期間，瑪丹娜和蓋里．柏克曾坐在猶太教會堂側廂的小巷裡，討論著未來。柏克看得出她的野心。「噢，我多想出名，我要出名！」她重複說著並緊抱著膝蓋。一九八○年春天，在Bo's Space開的現場演唱會，門票售完之後，她的夢想似乎就要實現了。所有團員全副白色裝扮，瑪丹娜繞著舞台跳舞。演唱會之後，一位來自CoCo唱片公司的星探，把她拉到一旁，提示她在樂隊前演出，要表現得好一點。

排練開始變得像例行公事。在一次的樂團聚會上，麥克、蓋里和瑪丹娜開始爭論著誰該成爲主唱。協商不成功後，樂團開始陷入混亂，走上解散之路。瑪丹娜和丹一開始陷入亦情人亦朋友的關係時，就知道他們之間不會長久。所以當她和丹在清晨跑步後，她向他解釋說她該離開了，她要跟隨自己的心和夢想走。丹如想起那時刻，「很感傷、很甜蜜，而且很沉痛。她處理的相當妥善，我向來都很欣賞。她休養夠了，現在要繼續往前邁進。」

這個五重奏還是好朋友，新樂團也常常在猶太教會堂裡練習。瑪丹娜提著她的行

李箱，到麥克在道格拉斯頓（Douglaston）租來一間房間。有一陣子她和麥克成爲情侶。除了在會堂排練之外，名爲「瑪丹娜與天空」的新三人組爵士樂團也在皇后區與雀兒喜（Chelsea）找到排練室，但大部分時候，他們都利用道格拉斯頓的車庫。瑪丹娜在此錄了三首歌，都是用新男友花三百元買給她的雷根貝克牌（Rickenbacker）吉他伴奏。這地區原本很安靜，所以不久就有當地居民抱怨，逼得車庫樂團尋找新的地方練習。他們在音樂大樓（Music Building）十樓找到排練室，那是位於西三十九街一處吵雜、令人不悅的場所，有數十個樂團利用此處排練、錄音。這地方非常危險，毒癮者潛行在大廳出入口，走道傳來陣陣尿騷味。

他們與一個叫做「兄弟愛」（Buddy Love）的長島合唱團共用練習室。一位叫馬克的年輕人是這個合唱團的經理。他曾看過「瑪丹娜與天空」在八〇年代俱樂部（the Eighties club）的現場演唱會，希望跟他們合作。馬克與蓋里對瑪丹娜都有期望，而她的現任男友麥克則發現白天工作，晚上還要擔任義務的樂團鼓手，使他漸感吃不消。在瑪丹娜嚴格的要求下，他疲憊地排練。幾星期之後，他已受夠了瑪丹娜不斷的指責，不眠不休的通勤往返，還有音樂大樓令人不舒服的氣氛。一天晚上，他一到達排練工作室就宣布說，「抱歉，伙伴們，我再也練不下去了。」說完就走了出去。

兩個留下來的團員受了挫折，卻沒倒下，他們登廣告徵求一位鼓手。瑪丹娜打電話給她在密西根的前男友史蒂夫・布瑞（Steve Bray），問他想不想加入樂團，布瑞接受了，並決定在一九八〇年十一月初到紐約。她將蓋里拉到中央公園，去聽「臉部特寫」合唱團的演唱會。火熱的野心讓瑪丹娜堅決地要使新樂團表現成功。他買了兩張票，演唱會開始後不久，她就離開座位，跑到舞台前，沉醉於大衛・拜恩（David Byrne）與團員的風采。之後，他們遇到布瑞，她和他們的新鼓手到百老匯去跳舞，還唱情歌給路人聽，蓋里後來回顧說，「顯然對她來說出名比音樂更重要。她熱切地渴望成名。」

布瑞就跟她一樣，冷酷地追求著完美、終極的榮耀。「他打鼓的技術大大帶動了樂團的活力，」丹回憶說，「排練期間，他眞像個操兵的士官，歌一唱完，他會想唱另一首，然後就開始倒數。」但是，布瑞不久就發現瑪丹娜的吉他技巧受到了限制，於是他們登廣告徵求新吉他手。布瑞是個基督徒，跟瑪丹娜一樣頑強固執。馬克爲他們辦了一次現場演唱會，這位鼓手堅持反對「瑪丹娜與天空」這個名字，認爲褻瀆神聖。瑪丹娜讓了步，馬克想到「百萬富翁」（The Millionaires）這個名字，稍後此名改爲艾咪（Emmy）這個丹替瑪丹娜取的小名。「艾咪」迅速地補進新鼓手與吉他手，卻

失去了經理。不知是誰設計將瑪丹娜趕出音樂大樓，讓「兄弟愛」合唱團獨占場地。他們遭驅逐時，蓋里在街上與馬克大吵一架，馬克便憤然離去。

一向足智多謀的瑪丹娜，說服了一位從維吉尼亞來的年輕音樂人布萊恩．西姆斯（Brian Syms），將音樂大樓的五樓租給他們作爲排練室。西姆斯後來成爲艾咪樂團的主吉他手。同時，他們在一○○二室借了一間工作室，與愛爾蘭樂團U2在此練唱。一九八○年十一月三十日，艾咪錄了四首示範錄音帶，送到俱樂部和唱片公司去。在聖誕節前幾個星期，他們終於獲得了一個機會，受聘在Botany Talk House獻唱。現場演唱會進行得很順利，瑪丹娜帶著愉快的心情離開，回到羅徹斯特與家人過聖誕節。

她的好心情並沒有維持多久。仲冬對她顯然特別酷冷，或許是因爲又得擔心保暖或下一餐從何而來的關係；或許是因爲住在音樂大樓一間骯髒又危險的閣樓裡，迫不得已要在公共浴室洗澡之故；又或許是因爲「艾咪」至今仍只是個希望與夢想的結合。不管是什麼理由，即使她有鋼鐵般的決心和強健的體魄，都讓她感到挫敗。

一月的一個早晨，蓋里來到瑪丹娜陰暗的西三十七街閣樓，發現她圍衣蜷縮在地板上哭泣著。時值寒流季節，溫度在零度以下，瑪丹娜大樓住處的暖氣和熱水都發揮不了作用。她沒錢、失業、沒有未來遠景，又嚴重感冒。她的眼淚不斷地流下來，大熊跪下來摟抱她，告訴她一切都會順利。但他知道，她若做到的話，她夢想獲得的城市，終將令她感到平淡乏味。

MADONNA

午夜瑪丹娜

Madonna, Max's, Midnight

她是紐約地下音樂的性感天后，穿著扯裂的長襪，顯得瘦骨如柴的緊身內衣，臉上的濃妝與口紅，就跟她邪蕩的話語舉動一樣俗艷。這不是瑪丹娜，她的名字叫做謝莉・瓦妮菈（Cherry Vanilla）。她是大衛・包伊（David Bowie）以前的公關，如今是知名的新浪潮搖滾女歌手。瑪丹娜到紐約時，謝莉已紅透半邊天。她的崛起與成功，部分歸因於驚人的造型和性解放的形象。她曾在一九七四年出版一本頗受爭議的黑白寫眞集《流行塔》（Pop Tart），書中展現她多種富異國風情的外貌，姿態撩人。

一九七〇年代，正逢紐約地下樂團風起雲湧，在那段令人興奮的時期，傳統的音樂、藝術漸漸被顚覆，藝術家摒棄老舊的演出形式，投入迪斯可的狂熱、喧鬧中。馬克斯（Max's）、CBGBs和羅克西（Roxy）等夜總會引領流行，預示了一個種族混雜、肢體解放的新世代。紐約地下樂團成了一個財富、狂野、機智和美貌的大熔爐。此時的瑪丹娜，只是巨變時代中躬逢其會的年輕人，「我確信這位來自中西部的女孩對這一切非常著迷，且渴望成爲其中一員。」曾在羅克西駐唱的吉米・拉魯米亞（Jimi LaLumia）說道。「當時她一心想擠進這圈子，如果我們知道她未來會如此成功，應該會對她好一點。」

瑪丹娜很快就不是無名小卒了。一九八一年在馬克斯的一場演唱中，她引起了一

位名叫卡蜜兒・巴邦（Camille Barbone）女同性戀者的注意。巴邦比瑪丹娜早出道八年，也是從瑪丹娜與基爾羅兄弟居住的皇后區崛起。巴邦深具野心，然而她要的不是奉承和注目，而是發掘全世界最棒的搖滾巨星。當她看到「艾咪」的演出——漂亮的面孔、戲劇化的舞蹈和差勁的樂團，她知道她的夢想即將實現。

這兩個女人幾個星期前即在音樂大樓碰過面，瑪丹娜知道卡蜜兒和亞當・歐特（Adam Alter）掌管音樂大樓裡唯一的唱片公司——高譚唱片（Gotham Records）。她心想若能引起他們的注意，或許能爲她和「艾咪」帶來一些好機運。她熱心地奉承歐特，說他看起來像約翰・藍儂；在電梯裡和巴邦攀談，故作天真笨拙，使巴邦一頭霧水。這是瑪丹娜典型的策略，運用稀有的才華魅惑人，並睜大眼睛表示驚奇，引起人們的好奇，這招她在珀爾・蘭面前早就施展過了。

一九八一年一月，當大熊在瑪丹娜公寓發現她被貧窮與病痛擊倒後，她曾考慮回到羅徹斯特溫暖的家。後來她打電話給丹・基爾羅，問他能否回「猶太教堂」暫住療傷。雖然他倆在去年夏天分手，但仍維持著良好的友誼，他熱心地答應了。幾個星期後，瑪丹娜寄了張自己做的情人卡給丹，上面寫著：「你是我夢想的養份。」

幾天之後，她便回復往昔活力，離開溫暖的猶太教堂到城裡去打理幾乎四分五裂的「艾咪」。「我能感覺到這個樂團快要解體了，」蓋里回憶道。瑪丹娜也有同感。她搬去和蓋里、布瑞、西姆斯一起擠在靠近音樂大樓的套房公寓裡。雖然生活拮据，但是在馬克斯俱樂部的演唱機會，至少讓他們四人有共同努力的目標。他們心裡都明白，在馬克斯的演唱關係著「艾咪」的存亡。他們不斷排練，瑪丹娜有時還會在工作室過夜。她靠當人體模特兒賺錢，向朋友、熟人討乞三餐，過著僅能糊口的生活。丹的朋友札拉有時會帶來幾袋不穿的衣服，和他媽媽不要的化妝品給她。從決定離開學校、放棄舞蹈、自巴黎返回，然後又離開丹，瑪丹娜似乎老是在拒絕過好日子。甚至當她收入優渥的父親在一九七八年秋天到紐約看她，想提供她經濟上的幫助時，也被她婉拒了。「她覺得那樣會失去她在家中的地位，」卡蜜兒說道，「她深陷在藝術家浪漫、戲劇化的情懷中。」

卡蜜兒看過幾次「艾咪」樂團在音樂大樓的排練，同意去看她演唱。只可惜，她最後因偏頭痛錯過他們在馬克斯的首場演唱會。事後瑪丹娜絕望而憤怒地跑到卡蜜兒的工作室破口大罵，說卡蜜兒就像別的星探一樣讓她失望。所幸馬克斯的老闆對「艾咪」的表演印象深刻，幾天後就邀請他們回去再唱一場。卡蜜兒這次如期赴約，瑪丹娜為此使盡渾身解數，跳到桌子上和顧客一起熱舞。她甚至叫前男友馬克將她的頭髮

剪短，使她看起來更像她的女英雄克莉希．海荻。

瑪丹娜唱完歌後，卡蜜兒替她端了一杯蜜茶潤嗓子，問她想不想要一位經理人。這個滿頭大汗、頭髮亂成一團的女孩雙臂環抱住卡蜜兒，大聲喊著：「要啊！」一會兒後，馬克斯的經理前來恭賀她，提供她嚮往已久的唱片灌錄機會。才二十四小時之間，他們就從沒沒無聞晉升到熱門新星。瑪丹娜摒息以待，也發現自己陷入了另一個困境。

巴邦立即澄清說她只對瑪丹娜有興趣，而非整個「艾咪」樂團。這位深具潛力的新經理，知道瑪丹娜的居所骯髒不適，答應要給她一間屬於自己的公寓，付她週薪一百元，爲她找兼差的工作。此刻瑪丹娜必須下決定——是要靠自己打天下呢，或者跟著艾咪樂團一起出唱片。她最後決定跟卡蜜兒走。一九八一年三月十七日聖派崔克日，瑪丹娜與高譚唱片公司簽約，他們喝下數瓶的綠色健力士啤酒來慶祝。卡蜜兒舉杯祝賀她的新藝人，她相信自己的夢想已經起飛，她要將瑪丹娜捧成世上最閃亮的明星。然而，這個夢想很快就變成夢魘，接下來的一年，卡蜜兒宛如坐上雲霄飛車，生活在酗酒、爭吵之中，終至崩潰。她最初的錯誤就是想馴服瑪丹娜，第二個錯誤則是愛上她。

照卡蜜兒的說法，瑪丹娜是一顆未經琢磨的鑽石，需要小心翼翼地打磨。她在「艾咪」無法展現個人魅力。她的聲音雖然不是很美，但尙稱出色，站在樂團後根本無法發揮。卡蜜兒認爲歌手成功的關鍵在於整體包裝——舞蹈、動作、歌曲及音樂。簡言之，瑪丹娜必須站到舞台前表現自我。卡蜜兒要瑪丹娜在簽約後幾天內解散她的艾咪樂團。布瑞、蓋里及西姆斯爲此感到相當痛苦，覺得被利用了。艾咪解散後幾天，蓋里曾在音樂大樓對瑪丹娜怒吼，稱她爲「叛徒」。稍後他們又重修舊好，此後瑪丹娜常去造訪這三位伙伴，尋求音樂上的指導和忠告。

起初，瑪丹娜對年長、經驗豐富的卡蜜兒非常敬畏，遵從她的判斷和作法。卡蜜兒介紹一隊頂級的音樂家來爲新樂團試唱。包括傑夫・高特利（Jeff Gottlieb）、約翰・凱（John Kaye）、大衛・法蘭克（David Frank）及傑克・蘇尼（Jack Soni）等這些曾與迪爾・史崔茲（Dire Straits）、大衛・包伊合作過的音樂家，全都和瑪丹娜並肩工作。卡蜜兒除了每週付給瑪丹娜一百元，又替她找到一份兼差的工作，並讓她隨時可進入工作室作曲練歌。

卡蜜兒將瑪丹娜安置在西三十街一間破舊的套房公寓，但後來因有人潛入偷竊而搬到離河濱大道（Riverside Drive）不遠的一棟住宅區公寓。幾個月後，卡蜜兒已不僅

是瑪丹娜的經理，還身兼她的母親、摯友和導師，是個在非常時刻出面拯救她的女英雄。卡蜜兒日漸被瑪丹娜誘人的魅力吸引，後來發覺自己愛上了她。「她有種原始的性感，」卡蜜兒回憶說，「她利用性感掌控他人。我們並沒有成爲情人，但是我愛上她嗎？是啊！這是很瘋狂的事，我像個母親般保護她，我們情誼深厚。她也愛上我嗎？以她自己的方式吧，我想。她愛強壯的女人，而我是她的英雄。她一直都喜愛美麗、強而有力、能當她媽媽的女人。」

有很長一段時間，她們形影不離，她們一起去看電影、逛街、上餐廳、去俱樂部、參加商業會議。那年夏天，她們去了火燒島（Fire Island），卡蜜兒帶著她的情人，瑪丹娜則帶著她當時斷續來往的男友——藝術家肯・康普頓（Ken Compton）。卡蜜兒對瑪丹娜就像個溺愛的母親一樣，替她張羅餐點、借她錢、提醒她避孕、帶她去做牙齒手術。瑪丹娜知道卡蜜兒對她的感情，就不斷揶揄、折磨她的「假情人」。有一回她在演唱會結束後脫下衣服，要求卡蜜兒用毛巾裹住她；另一回，她還故意約一位女友——珍妮絲・高羅葳（Janice Galloway），還有她安亞柏時期的老友外出，讓卡蜜兒充當她們的司機。

卡蜜兒觀察到，儘管瑪丹娜已向她的夢想邁進，但仍心存不安、缺乏自信。她常以粗魯的行爲來掩飾自己的不安。她的動作教練米菈・羅絲托娃（Mira Rostova）對此印象深刻。米菈是位俄國的流亡藝術家，曾與許多好萊塢大人物共事過，訓練期間米菈與瑪丹娜相處不甚愉快，「她很粗俗，不像淑女。她的舉動完全引不起別人的興致。」就像以前與珀爾・蘭爲舞蹈發生衝突一樣，瑪丹娜總不願承認自己專業的不足。卡蜜兒了解瑪丹娜對失敗的恐懼，所以通常都容忍她的行爲，她知道干涉過頭只會促使她做出更過份的舉動。在這些無禮行爲的背後，其實是一位敏感、才智過人，但對自己仍心存疑慮的年輕女子。

卡蜜兒說：「她並非泛泛之輩。」但是她也表示，假如瑪丹娜想超越平庸的熱門音樂歌手，她需要時間和鼓舞。

在瑪丹娜面前仍有一段漫長的旅程，而那年春天，她已有了進展。她的新樂團已大致底定，由瑪丹娜主唱，布瑞打鼓，約高登（Jon Gordon）彈主吉他，約翰・凱（John Kaye）彈低音吉他，約翰・保納馬沙（John Bonamassa）彈電子琴。這個煥然一新的樂團在馬克斯首度演唱，接下來又在卡通巷（Carton Alley）、洽斯公園（Chase Park）和一些市內俱樂部演出。雖然已有了定期的演唱合約、穩定的收入，瑪丹娜還是希望能走得更快些，她甚至開始在想，是不是該與馬克斯簽約出版唱片。

一九八一年六月她終於如願以償，與Media Sound 工作室的約翰・羅伯茲（John Roberts）、蘇珊・普拉納（Susan Planer）簽約錄製一卷示範錄音帶。普拉納和羅伯茲在音樂界極出名，他們的錄音工作室是一間舊教堂，那裡曾是匈牙利古典作曲家貝拉・巴托克（Bela Bartok）的本營，還有其他數不清的大明星如法蘭克・辛納屈（Frank Sinatra）、披頭四都使用過它，瑪丹娜對能在此錄音極感興奮。樣本帶由約高登和艾列克・海德（Alec Head）製作，布瑞打鼓，瑪丹娜錄製了四首曲子。歌詞主要是在描寫她的愛情生活。其中她寫了一首給她那時的愛人肯・康普頓。她與卡蜜兒的關係在歌詞中也多有著墨。在布瑞的影響之下，瑪丹娜開始脫離基爾羅的龐克風，轉向藍調音樂與迪斯可路線。她全心學習，汲取不同的風格。卡蜜兒想讓她像帕特・班納塔（Pat Benatar）一樣唱主流搖滾樂，不過瑪丹娜有自己的想法。令人興奮的一週結束後，他們整團前往火燒島，去慶祝卡蜜兒與瑪丹娜的生日，在海邊的陽光下愉快度過幾天悠閒的日子。

瑪丹娜開始在紐約擁有一群不算多，但忠實的崇拜者，她的演藝事業穩定地成長著。當時她受聘在長島一間單車手俱樂部「美國藍調」（US Blues）演出，大受當地觀衆的讚賞，每場現場演唱會淨賺八百元。俱樂部裡另一樂團的主唱羅慕休是卡蜜兒的密友，後來接手亞當·阿爾特的工作，與卡蜜兒一起輔佐瑪丹娜，他們籌募一萬元來宣傳瑪丹娜的作品。

卡蜜兒的夢想漸漸化爲泡影。當她在一九八一年九月要求瑪丹娜重新簽訂經理契約時，她推託著，抱怨她的事業進展得不夠快速。但是，之後他們告訴她，她得先簽約才能於十一月在時髦的地下俱樂部（Underground Club）演出時，她才不情願地簽名延長了經理契約。這時瑪丹娜與卡蜜兒的關係開始變得緊張，兩人總是爲她的演出風格激烈地辯論、爭執。沒多久卡蜜兒開始酗酒，兩人的口角甚至演變成肢體衝突。一次瑪丹娜對她咆哮道，「妳已從妳的王座上跌下來了。」卡蜜兒坦承說，「我是個難纏的醉鬼，常因酒醉和她發生激烈的衝突。我得承認，她再也不依賴我了。」她在瑪丹娜心中的地位已崩解，她不再尊敬她了。

瑪丹娜開始脫離經理的掌控，到處和其他音樂人、唱片公司及媒體接觸，此舉更加深了雙方的嫌隙。「我被圍困，卻不知道如何解圍，」卡蜜兒承認說，「我想把她抓緊一點，卻是天大的錯誤。」瑪丹娜後來妥協於合約的規範，積極準備十一月在地下俱樂部的演出，她已發出邀請函給幾十個音樂界的要人，然而，這場演出卻沒有帶來預期的成果，瑪丹娜開始怪罪她的經理團隊辦事不力。一九八二年二月在律師的陪

同下她決定和卡蜜兒解約，這促使比爾與卡蜜兒採取法律行動，控告瑪丹娜背信。這件案子纏訟多年，這時期瑪丹娜的歌曲也無緣現世。直到十年之後，巴邦才從她這位前委託人身上討回了公道。

瑪丹娜與巴邦關係破裂後，她回頭與布瑞合作音樂事業，並搬去與她以前的同學珍妮絲．高羅葳同住。她與布瑞合作愉快，寫歌的時候，他會用音樂旋律、和弦還有樂音協助她。幾星期後，兩人錄製一卷四曲的示範錄音帶，包括〈Burn Up〉、〈Everybody〉、〈Ain't No Big Deal〉，讓她帶到市內招攬聽衆。瑪丹娜到唐塞利亞這間她度過最多清醒時光的俱樂部，找到炙手可熱的DJ馬克．卡明思，使出十八般武藝誘使他播放她的歌曲。他決定給她一個機會，結果她的歌曲大受歡迎，他也相當喜愛。

瑪丹娜開始與卡明思交往，與此同時她的入幕之賓還有布瑞及康普頓。事實上，瑪丹娜與卡明思待在一起，主要是受到彼此野心的吸引。他一知道她沒有經理人，就立即安排她與自己所屬的音樂公司簽約，可惜他的老闆克利斯．黑泉並不欣賞瑪丹娜。卡明思接著打了電話給西爾唱片公司的總經理塞摩．史坦（Seymour Stein），他是華納兄弟音樂公司（Warner Brothers）的要人。史坦聽了示範錄音帶後興趣不大，將它交給手下麥可．羅森布拉特（Michael Rosenblatt）。羅森布拉特後來選了〈Everybody〉

和〈Ain't No Big Deal〉兩首錄製單曲唱片。

卡明思與史坦的西爾唱片公司簽下單曲合約，將兩首歌以一萬伍仟元賣出，瑪丹娜感到興奮不已。她在一本黃色備忘錄上寫了一首歌，將它獻給她的良師益友卡明思，後來這首〈Lucky Star〉就成爲一九八〇年代，最持久的暢銷排行榜歌曲。在長久的堅持後，瑪丹娜的夢想似乎就要成眞了，這位年輕歌手到東村她前男友馬克・道蘭高斯基工作的髮廊去慶祝。在那兒，瑪丹娜興奮地告訴幫她洗頭的女子瑪莎說，「我要成爲明星了。」

MADONNA

男人與女人

DeMann and De Woman

一九八二年某個夏日，當亞瑟·貝克（Arthur Baker）蹣跚地走過紐約市區一家飯店的接待廳時，沒什麼人注意到他。但一走進新音樂（New Music）研討會，許多與會者紛紛跟他打招呼，待他像個情誼深厚的兄弟。他們都認爲貝克是個不凡的男人，不僅負責經營「搖滾星球」（Planet Rock）電台，而且也將饒舌歌與嘻哈音樂引介給廣大的聽衆。貝克認出馬克·卡明思這位紐約炙手可熱的DJ，便走過去與他攀談。在卡明思身旁有位深色頭髮的義大利女孩，穿著牛仔褲、T恤和一件過大的襯衫，態度做作、漫不經心，卡明思隨即將瑪丹娜介紹給他。「什麼樣的家庭會給小孩取名爲『瑪丹娜』？」貝克在想，這位DJ解釋說她是他最近發掘的新人，他們正在製作由西爾唱片發行的單曲。

之後，瑪丹娜拿給貝克一部破舊的新力牌袖珍錄音機，要他聽她的歌〈Ain't No Big Deal〉還有〈Everybody〉。他評論說她的歌聲像派翠絲·露珊（Patrice Rushen），這位歌手當時以〈Forget Me Not〉和〈Oh thank you〉高居排行榜，瑪丹娜低聲說：「我愛派翠絲·露珊。」貝克急於前往與U2、鮑伯·狄倫（Bob Dylan）、仆爾普（Pulp）及布魯斯·史普林汀（Bruce Springsteen）合作，只祝福她一聲好運就離開了，他私下想著，她不過就像他在音樂生涯中遇見千百萬個女孩當中的一位。

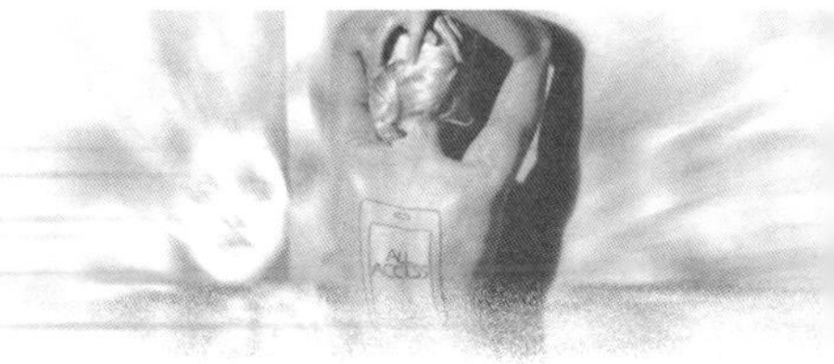

翌日他接獲焦急不已的馬克．卡明思來電，「製作人該做些什麼事？」這位DJ悲傷地問。貝克指導他，還推薦一些音樂家，包括電子琴家弗瑞德．札爾（Fred Zarr）。結果札爾很快就出現在紐約布蘭克錄音工作室（Blank Tape studio），整晚與瑪丹娜一起工作。「她只有一首單曲的發行，要是那首曲子失敗的話，就沒有人會聽到她的名字了，不過，之後我告訴朋友說，我正與某位擁有神奇明星氣質的人一起工作。」札爾回憶說。

錄音階段，馬克．卡明思從另一面玻璃牆觀看瑪丹娜，並聆聽她的歌曲。身爲DJ，他對於音樂非常有信心，然而，他實在不知如何當一名製作人。瑪丹娜挫折感日益嚴重，特別是她再也沒有布瑞可依賴的時候。她和這位鼓手有過一次嚴重的爭吵，因爲他爭辯自己才應該是這首單曲的製作人。然而瑪丹娜與馬克簽了約，馬克爲此辭去了在島嶼唱片公司（Island Records）的工作，而瑪丹娜也和布瑞決裂了。

糟糕的是，他們最初共事的經驗並不愉快。如馬克說的，「那之後我們之間的關係就分崩離析，因爲我在工作室沒有給她足夠的引導，A面並沒有如預期般成功呈現。」其實，西爾唱片公司的麥可．羅森布拉特，聽了錄於A面的〈Ain't No Big Deal〉後，印象並不深刻，所以決定把它放在B面，〈Everybody〉則兩面都放。

唱片公司也沒有特別想提拔這位歌手。西爾唱片公司對舞曲的行銷並不專精，認爲〈Everybody〉這首歌曲是爲黑人聽衆訂做的。於是，頂著一頭新染金髮的瑪丹娜，其單曲就被當作黑人音樂作品來銷售。單曲的封面是在一九八二年十月完成的，西爾的執行人使用紐約市區的嘻哈樂拼貼畫代替了瑪丹娜的特寫照片，讓人誤以爲她是黑人歌手。「我很震驚！」馬克回憶說。瑪丹娜的大學時代老友，攝影家琳達·亞蘭茲（Linda Alaniz）也有同感。亞瑟·貝克評論說，「你現在聽它會想笑出來，因爲人們以爲她是黑人。」

雖然西爾公司的行銷策略像一陣嚴酷的風吹襲著她，這一次瑪丹娜卻以沉默來表達她的反感與敵意。麥可·羅森布拉特了解她的心情，卻斷然批評她說，「她要成爲明星，就要有完全合作的態度。我要歌手照著我的方法做。」初試啼聲的結果和瑪丹娜想像中的勝利差距很大，她的單曲低價銷售，沒有個人公關幫忙，僅有的宣傳讓大家誤以爲她是黑人，她的唱片事業一開始即充滿惡兆。「西爾對她就是沒把握。她可能一曲成名，也可能一曲成仁。」一位音樂製作人評論說。

瑪丹娜無畏地開始自力救濟。她積極地展開宣傳活動，晚間她與夥伴到俱樂部巡迴演唱，推銷她的唱片，鼓勵DJ們播放歌曲；白天她會站上街角，分發單曲廣告的傳

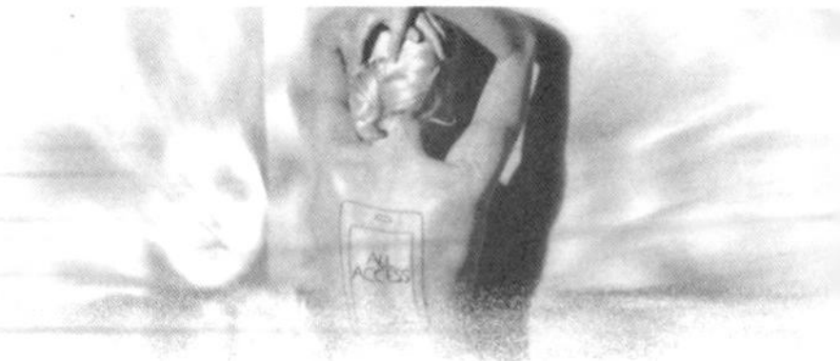

單。她跟著西爾一位舞曲行銷員波畢・蕭（Bobby Shaw），四處拜訪無線電台與俱樂部DJ，藉此使她的唱片得到更廣泛的注意。在一次輕快的巡行期間，有人把她引介給傑利賓・班尼德茲（Jellybean Benitez），他是歡樂屋（the Funhouse）的DJ，一九八二年十月的初遇，改變了他倆的生命，因爲她和班尼德茲後來成了音樂夥伴，也成爲情人。

對瑪丹娜來說，愛人可以來來去去，但是，她唱片成功的機會僅有一次。她每星期五下午都會參加五十四街八樓辦公室裡的俱樂部DJ聚會。他們在這裡討論正事、閒扯，取樣試驗最新出版的唱片。她的出席使她有機會影響這些DJ，重要的是確保無人能毀謗她的單曲。瑪丹娜渴切地希望西爾唱片資深的老闆們，特別是塞摩・史坦與麥可・羅森布拉特給她機會。當羅森布拉特與她的室友珍妮絲・高羅葳開始約會後，她想著要如何在他們面前展現她的才華。幸運很快地就降臨，她紐約的一個朋友、詩人兼主持人郝威・蒙道，將在唐塞利亞演出他聲名狼藉的節目之一「你不了解」（No Entiendes），瑪丹娜也應邀表演。這是一個讓老闆對她改觀的好機會，她邀請了史坦、羅森布拉特，還有別的華納執行人，包括舞曲首腦克瑞葛・柯斯提奇（Craig Kostich）前來觀賞她的演出。

她細心而積極地為這場演出投入特訓。她在上西區（Upper West Side）租了一間舞蹈工作室用來彩排，還說服她的三個伙伴，舞者艾利卡・貝拉、馬丁・柏高內與巴肯斯・利雷當她這場表演的伴舞。四人不眠不休地練習著，瑪丹娜總是第一個到達，最後一個離開的人。演出那晚，蒙道引介了瑪丹娜的單曲〈Everybody〉。他們當著三百多位觀眾的面前隨著爵士樂熱烈扭動著，史坦和同伴都在一旁觀看。這場三分鐘的熱歌勁舞，令西爾公司的高層看出這位歌手在視覺上的衝擊力，決定經由影視媒體來提升她。

羅森布拉特接洽了艾迪・史坦堡，他經營搖滾美國影視公司（Rock America），問他是否可省下幾小時，錄製瑪丹娜在唐塞利亞下一場的舞台演唱會。當歌手像杜蘭・杜蘭（Duran Duran）與麥可・傑克森（Michael Jackson）花六位數字的預算在音樂錄影帶上時，羅森布拉特卻提供史坦堡一千元，作為室內製作的費用。他們後來同意花一千五百元——雖然錄影帶的製作人開玩笑說，他還在等另外的五百元，西爾公司仍對瑪丹娜持保留態度。

史坦堡不想拍攝瑪丹娜的現場演唱，他建議在舞廳「天堂車庫」（Paradise Garage）錄影，那是市區一間同性戀迪斯可俱樂部，他可以免費使用。這是一部小成本製作，

瑪丹娜的朋友黛比・瑪札擔任化妝師兼舞者，而艾利卡・貝拉與巴格・利雷當她的伴舞。由於馬丁・柏高內並非專業舞者所以脫班，稍後有陣子他擔任瑪丹娜的巡迴演唱經理。史坦堡立即對瑪丹娜的專業精神與熱忱感到印象深刻。他一遍又一遍地要求她演唱，直到鏡頭令他滿意爲止，這位歌手一次也沒抱怨過。「拍攝之前，我聽說她像個惡夢般難以取悅。」他說，「在她那個事業階段，她需要別人的幫忙，卻不太知道他們在做什麼，所以很容易覺得不耐煩。」西爾唱片公司買了他們的錄影帶，但史坦堡對瑪丹娜及她的歌曲大有好感，於是更進一步將錄影帶拷貝送到全美的俱樂部，讓人免費觀賞。此舉使瑪丹娜的單曲一時蔚爲風行，紐約的黑人電台WKTU也播放這首單曲，全國各地開始有了熱烈的迴響。

所有的努力終於獲得成果。一九八二年十一月〈Everybody〉躍上了熱門音樂排行榜，稍後幾星期都名列榜首。雖然她的首支單曲無法衝破最重要的《告示牌》（Billboard）音樂雜誌的熱門音樂排行榜一百名，但是，卻讓瑪丹娜首次上了雜誌的封面，獲得讀者票選出來的「暢銷」曲目獎。每張她刊登的照片剪輯，她都小心翼翼地加以標籤、歸類保存，那些都是她成功的心路歷程。在接下來幾年，她已收集了一大本有關她自己的故事。

弗瑞迪記得單曲出版後，有天沿著郝斯頓街，走在幾個波多黎各女孩後面，她們手中提著錄音機，隨著播出的〈Everybody〉旋律又唱又跳。「那令我印象深刻，」他承認說，「瑪丹娜吸引了那些敏銳、時尚的都會人。」被瑪丹娜吸引的都會人，包括一位黑人塗鴉藝術家尚・米謝・巴斯基亞特，他是藝術界的詹姆斯・狄恩。這位叛逆的年輕人，才華洋溢卻英年早逝，他現在已成了幾部傳記與影片的題材。在瑪丹娜的單曲下榜時，艾迪・史坦堡在「Lucky Strike」俱樂部將巴斯基亞特介紹給她。他當時正以半抽象、融合了城市的視覺與聲音的畫作，爲自己打出名號，他的畫在今天仍獲得很高的評價。

「你絕對猜想不到，昨晚我與誰共寢了。」一九八二年十一月某天，巴斯基亞特告訴室友史蒂芬・托頓說，「瑪丹娜。」托頓表現冷淡，但他知道能吸引巴斯基亞特的人勢必很特別。「他是個讀過很多書的人。」托頓回憶說，「他很高興，因她即將成爲名人。」他們爲期三個月的戀愛，發生在兩人突然由沒沒無聞到家喻戶曉之時，在這段短暫的關係中，他們曾愉快地抒發各自抱負，然而也察覺兩人巨大差異。瑪丹娜野心勃勃、苦行堅忍、專注、自覺又自制；巴斯基亞特則揮霍浪蕩、魯莽又空想。

每天對瑪丹娜來說都有目標，每樁會晤都有結果，每場交談都有目的。對照之

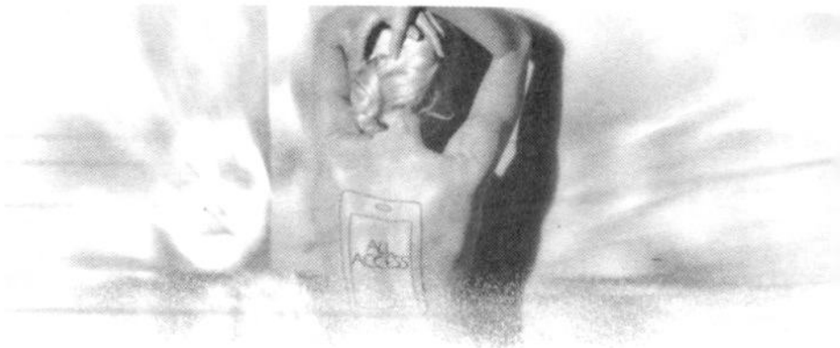

下，比她小兩歲的巴斯基亞特，生活全無方向與計畫。他疏忽機會、淡泊名利且過分信任自己的天分。他會整夜畫畫、看夕陽，也可能花一整天待在租來的車裡睡覺，從黑暗的車窗內散財給貧困的街童。帶著天生的領袖氣質，卻有自毀傾向的巴斯基亞特，是那個世代的卓越藝術家。然而，他並不是個從容適意的自由靈魂，他常常跌入灰色沮喪的心境裡，或者在盛怒中怒罵那些親近他的人。他像那時代許多藝術家一樣期盼早夭，結果也是如此。

一九八八年八月，他因服用過量的海洛英致死，年僅二十七歲。對巴斯基亞特來說，沒有什麼比下一張畫布或下一管古柯鹼更重要。他和托頓會嘲笑瑪丹娜對事業名利的執著，因爲藝術家總認爲成功只是附屬品。當三人擠進他一九五○年的黑色普里茅斯敞篷車時，巴斯基亞特只想去狂歡，瑪丹娜卻要到工作室。「從某方面來看，巴斯基亞特比瑪丹娜輕鬆多了。」托頓敏銳地說道，「他是獨一無二的天才藝術家，她卻要不斷努力成就它。他的天才確保了他的成功，她對自己的才華卻不確定。」

瑪丹娜確實是藉由努力工作、勇氣及決心而成功的，她是美國夢的縮影。她就像任何中西部來的鄰家少女，最後卻成爲億萬富翁，這都是她自己的努力實現的成就。相反地，巴斯基亞特的天才卻將他擱置一旁，像一隻奇異的鳥，處於衆多當代人物多采多姿的羽毛當中，不上不下。

就在瑪丹娜與巴斯基亞特的戀情結束時，與卡明思也同樣理性地分離了。他們的情事，已維持了好些時候，他甚至考慮過婚嫁，但現在他們只是工作上的夥伴。由於〈Everybody〉一鳴驚人，只和瑪丹娜簽單曲合約的西爾唱片公司，急著將她留在身邊。此時的瑪丹娜迅速跑到醫院裡拜會塞摩・史坦，他因心臟手術正在靜養中。這位精明的音樂大老，穿著晨袍與寬鬆的運動褲，顯得容光煥發，他的手臂還插著靜脈點滴管，開心地和瑪丹娜簽了約，這回是出版一支單曲和一張唱片。她收下新交易的前金五千元，買了一台羅蘭牌（Roland）混音器，在時髦的蘇活區布魯梅街新租的公寓裡創作新曲。

現在人人似乎都想搭上瑪丹娜的富貴列車。馬克・卡明思期盼著唱片公司能發行他們於一九八三年初灌錄的第二支單曲〈Burning Up〉，卻遭羅森布拉特的拒絕。羅森布拉特希望找到更有經驗的製作人，最後選定華納旗下的瑞吉・路卡斯（Reggie Lucas），負責製作瑪丹娜的唱片。他除了與其他音樂家、唱片公司洽談之外，還寫下「B」面的曲子〈Physical Attraction〉。「我是個快樂的男孩，」他回憶說，「我的事業與瑪丹娜同時起飛。」

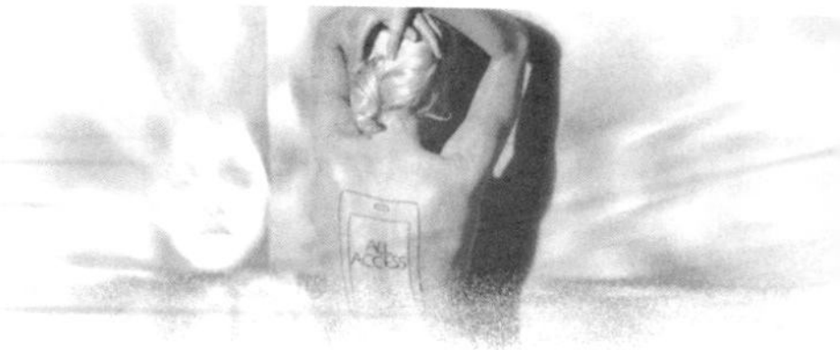

瑪丹娜紐約那些參與早期唱片製作及錄影帶拍攝的朋友，也同樣感到快樂。她竭力幫助她的夥伴，完全不像是個過河拆橋、踩在別人身上獲致成功的人。他要求馬丁・柏高內，爲她十二英吋的舞蹈單曲〈Burning Up〉設計封面，而黛比・瑪札則僱來當化妝師，以促銷第二支單曲。瑪莉・寶這位設計師爲瑪丹娜介紹了時髦的橡膠手環，後來這些手環成爲她的註冊商標。瑪丹娜的情人肯・康普頓，也在她的音樂錄影帶中軋上一角。

一九八三年三月，她的第二張唱片發行時，瑪丹娜立即與其他團員展開巡迴宣傳演出。瑪丹娜就像許多新舞團一樣，與無數的俱樂部訂約，到當地演唱新歌。她在舞台上對嘴唱完三首歌，然後繼續前往下一家俱樂部，重複這二十分鐘的表演。這是個令人精疲力竭的工作。即使如此，瑪丹娜仍堅持表演前要在他們共住的飯店單人房裡彩排。「看著他們在床鋪之間跳舞，實在好玩。」西爾的唱片行銷波畢・蕭說道，「她是個完美主義者，我欣賞這點。」

瑪丹娜會在表演後，到無線電台或地方報社接受訪談，其他的人則輕鬆度過。她的活力充沛卻非常專業，總是堅持不唱安可曲。有一回，他們在長島薩葛港（Sag

Harbor）的一家俱樂部表演。大部分的觀眾都很粗野、反應冷淡，多數歌手只好咬著牙將節目結束。瑪丹娜卻在表演進行到一半時，突然停下來對觀眾大喊，「幹！」然後離開舞台。她的舉動激怒了經理部，也讓那晚在場的克立客模特兒經紀公司（Click Model Agency）的執行長法蘭西絲・葛莉爾（Frances Grill）留下深刻印象。這位初出茅蘆的女歌手，也開始了解自己的能耐。有天晚上，她與巴格和艾利卡剛從布魯克林的俱樂部表演完，瑪丹娜攤在禮車裡，看著曼哈頓光輝而燦亮的落日，「我要擁有這座城市，」她說。

〈Burning Up〉在舞曲暢銷排行榜名列第三，她與製作人瑞吉・路卡斯想趁勝追擊，製作她的首張唱片專輯。錄音期間，她和她的小團體及馬克・卡明思，搭機飛到倫敦去推廣單曲。她們在一家時髦的同性戀俱樂部天堂（Heaven），還有卡姆登宮（Camden Palace）及畢袞特俱樂部（Beatroot Club）獻唱，然後向北旅行到曼徹斯特的哈珊達俱樂部（Hacienda Club）。他們的表演沒有得到熱烈的迴響，「眞慘，」卡明思說，「他們顯然不喜歡，我好震驚。」

禍不單行，回到紐約後，瑪丹娜原本計劃將她第一首未發行的單曲〈Ain't No Big Deal〉，放入唱片專輯，布瑞卻已將它賣給另一家公司，於是她必須很快找到另一首歌

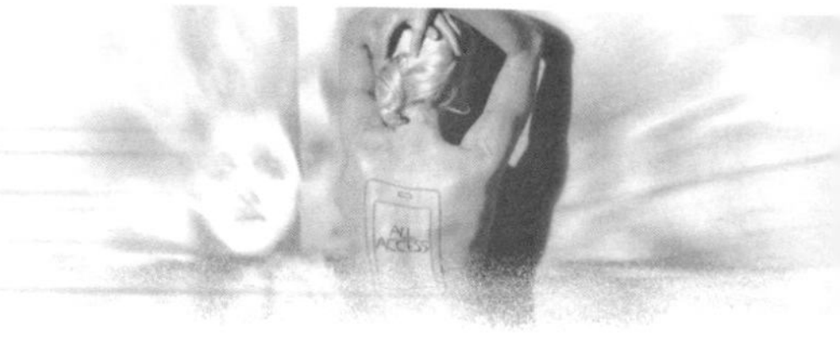

來替補。她的新男友班尼德茲，適時帶來一首由純能量樂團（Pure Energy）寫的〈假日〉（Holiday）讓她高興得不得了。她很快就開始錄音，班尼德茲雖然以前從未製作過唱片，但他積極地投入錄音工作，在一九八三年四月錄製完成。

雖然瑪丹娜承認，她在一九八三年七月推出的首張專輯《瑪丹娜》（Madonna），歌曲「相當薄弱」，除了缺乏經驗，過於耽溺舞曲形式也是原因之一。但這張唱片還是成績傲人，全世界共賣出了九百萬張。第二支單曲〈Lucky Star〉，讓瑪丹娜十五次登上美國熱門音樂排行榜第五名，進榜次數比披頭四或貓王都多。而第一首歌曲〈假日〉，也在那年的感恩節到聖誕節期間榜上有名。這張專輯受歡迎的程度讓每個人都感到驚訝——包括華納的執行人，他必須壓住她第二張唱片《宛如處女》（Like a Virgin）達幾個月之久，直到人們對她首張專輯的需求逐漸消弱。

一九八三年唱片出版的時候，她沒有經理，沒有會計或律師，甚至沒有銀行帳戶。然而現在，藉著男友班尼德茲的幫助，她開始在自身周圍建立起令人敬畏的專業團隊。班尼德茲是個精明的生意人，也是個受尊敬、極有成就的DJ，他將音樂會計兼商業事務顧問伯特・帕德爾（Bert Padell）介紹給她；而塞摩・史坦則提議她飛往好萊塢，去見一位世界頂尖的經理，威斯納・德曼娛樂公司（Weisner-DeMann

Entertainment）的弗瑞迪．德曼（Freddy DeMann），他才剛剛離開麥可．傑克森（Michael Jackson）。他們愉快地簽下合約，維持了十五年的合夥關係。

那年紐約的夏天，瑪丹娜與班尼德茲開始熱絡起來，人們看到他們像一對情侶般在時髦的餐廳用餐，在舞會中熱歌勁舞。他們在忙碌的行程中抽空約會「我們一直相約要見面，到頭來多半會取消，因爲我得留在工作室裡，而她要赴歐洲或參加其他的會議。」

無論如何，瑪丹娜似乎遇到了足以匹配她的人。班尼德茲就跟她一樣滿懷野心，「我們倆都有事業心，對目標非常執著。」他曾說。雖然班尼德茲天生是個安靜，甚至害羞的年輕人，但是他對於名氣的渴望，就跟瑪丹娜一樣熱烈，這可從他決定僱用私人公關大衛．薩利杜（David Salidor）一事看出來。瑪丹娜從薩利杜那裡學到了不少行銷與宣傳手法，「她吸收知識，然後應用在自己的事業上。」薩利杜說。

當他們暫別繁忙的工作，兩人會偷偷溜到在漢普頓（Hamptons）崖頂上的海濱小屋去。班尼德茲和瑪丹娜常與她弟弟克里斯多夫、唱片製作人亞瑟．貝克與他的歌手太太提娜，還有歌手約翰．羅比（John Robie）在此度週末。他們會整晚開舞會狂歡。亞瑟．貝克當時處於事業的顚峰，有五張唱片名列排行榜前二十名，他記得除了瑪丹

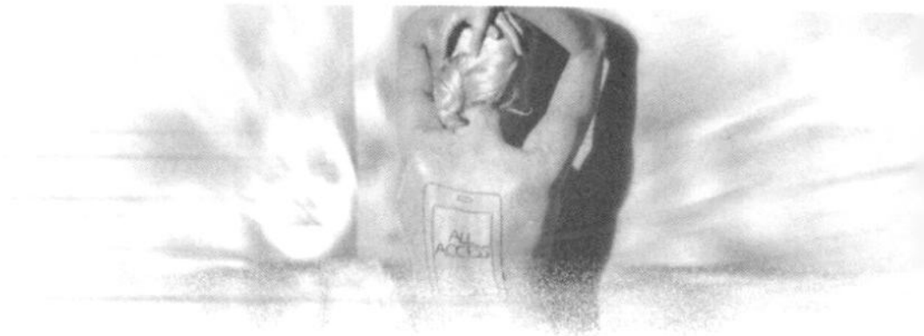

娜，大家都想好好放鬆一下。「我的印象裡總覺得，這不是她想做的事，」貝克又說，「她想工作。」

弗瑞迪・德曼很快就爲她帶來很多新的機會——好萊塢的經理人將與她會晤，連電影製作人約・彼得（Jon Peters），也要她在他的電影【奪標27秒】（Vision Quest）裡軋上一角。幾星期後，當她的單曲〈假日〉登上舞曲排行第一名時，她發現自己「又冷、又無聊、又寂寞」地待在華盛頓史波卡內等拍片。才一年前，她還是「黑人瑪丹娜」，她的首支單曲發行時，甚至不被她的唱片公司看好。然而，第二年的十一月，她已在中國餐廳聊起她的音樂、她的十字架珠飾，還有她在底特律與芭芭拉・史翠珊（Barbra Streisand）過的生活。

一九八四年一月，〈假日〉的成功讓瑪丹娜贏得國家電視首映，那是全世界最著名的青少年舞會「美國音樂台」（American Bandstand）的表演現場。當節目主持人迪克・克拉克（Dick Clark）問她長大成人後要做什麼事，她毫不猶豫地就回答說，「統治世界。」克拉克覺得很可笑，但是她的回答卻誠實得令人吃驚，那是發自內心的權力野心。她充滿野性又頑強，爲了得到她渴求的明星地位，甚至願意犧牲一切，包括愛情、友誼和穩定。她無可避免地和惡魔訂下協議，焦慮地看著她的名字在燈光中閃亮，看著她被刊登在雜誌封面上的照片，看著喜愛她的樂迷驚聲尖叫。她再也不必長久等待了。

MADONNA

性感女神

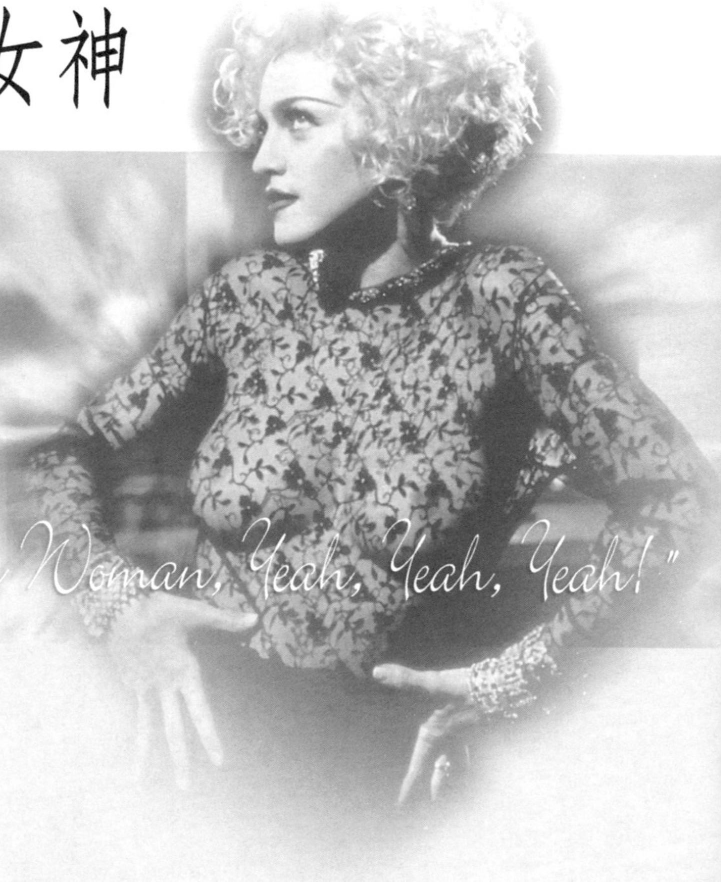
"I'm Sexy Woman, Yeah, Yeah, Yeah!"

一九八四年九月十四日，在MTV錄影音樂獎頒獎典禮中，一座巨大的白色蛋糕頂端坐著一位年輕歌手，贏得了全場熱烈的喝采。典禮在紐約無線電城音樂廳（Radio City Music Hall）現場轉播，當瑪丹娜穿著白色緊身衣裙及白紗面罩，配戴著她的註冊商標「男孩玩具」皮帶釦、珍珠串鍊、十字架及橡皮手環，狂熱唱著她即將發行的第二張專輯《宛如處女》時，勁爆的新娘裝、大膽歌詞和性交般的翻扭蠕動，震驚了全現場觀眾，他們從沒看過那樣的表演。

表演結束後，無線電城音樂廳的觀眾都感到很震驚，然而瑪丹娜叛逆的打扮，在攝影機裡看起來效果卻好極了。到目前爲止，《宛如處女》單曲已是瑪丹娜最熱門的歌曲。從一九八四年十二月起，此曲占據暢銷排行榜榜首有六個月之久。這首歌曲引起很大的爭議，也激怒了道德人士，他們譴責《宛如處女》破壞傳統價值，並鼓勵婚外性行爲。當她決定錄製這首歌時，就預知「處女或娼妓」之辯會造成轟動。「我向來是個挑撥份子，」她說，「我喜歡以不同層面來看事情，《宛如處女》就是一例。」在以威尼斯爲背景的音樂錄影帶中，她穿著婚紗禮服，游走在娼妓特寫和浪漫的景色之間。這首歌成功的主因，在於它同時取悅了喜好浪漫及崇尚性感的人。

瑪丹娜的公眾角色——不屈不撓、性感無恥、自信無比，也獲得極大的共鳴。許多

年輕女子有著和她們的女英雄一樣的成長背景，瑪丹娜彷彿正對這些女孩說：炫耀妳的身體並展現妳的頭腦，女人可以既性感又有成就。此外，八〇年代流行平胸、瘦直的美女，曲線比較玲瓏的瑪丹娜，讓一般體型的女孩覺得她們的身材是美好的。成千上萬的女孩，都想仿效這位歌手，爲此，梅西百貨公司（Macy's）規劃出一整個樓區來賣瑪丹娜樣式的服飾。瑪丹娜現象風行，大學教授、性別研究專家及女性主義者，也都熱中討論她作爲後現代文化偶像的影響。

《村聲》雜誌之後，她就細心保存著每一則有關她的消息。她每天早晨讀紐約小報、紐約時報（New York Times），搜索有關自己的報導。當有評論家寫了令人喪氣的文章，或有記者編造有關她的負面故事，她在公眾前都會假裝漠不關心，其實這樣的報導令她寢食難安。她一直認爲那些惡意批判她的人，不明白也不曾處於她的地位，所以沒有權利向她丟石頭。

她終於了解不斷閃爍的鎂光燈，是祝福也是咒詛。那些騎著單車在紐約到處逛、搭地鐵、去洗衣店的日子已過去了。她上餐廳時，別的用餐者緊盯著她，而狗仔隊的攝影記者就在外面等她。她驚慌地發現名揚四海沒有想像中美好。「眞的讓我很困擾，」她回憶說，有時她就像「關在籠子似的」待在房間裡。

瑪丹娜的一些密友對她的成名也頗有怨懟。一九八五年五月，她上《時代雜誌》封面時，她的前任男友巴斯．基亞特就陷入沮喪中。他覺得自己的天才勝過她，他才應該登上雜誌封面。甚至瑪丹娜的妹妹寶拉也對人抱怨，說她的歌喉比姊姊好，她才應該是家中的明星。有些人伴著瑪丹娜同行，沿途一帆風順，有些人則不小心錯過了機會。瑪丹娜是典型的六親不認，「我很難纏，而且非常清楚自己想要什麼，」她爭辯道，「假如那使我變成潑婦，沒關係。」當她的前男友馬克．卡明斯發現那首瑪丹娜特別為他的女委託人雪妮（Cheyne）寫的歌〈跟著唱片轉〉（Into The Groove），已經轉讓給電影【神祕約會】時，勃然大怒。他是在付了錢之後，才知道歌曲已轉賣他人。「她讓我非常惱火。」對他來說，她不肯坦誠相對，比無端破財更令他氣惱。

有些關係生疏了，有些友誼卻強化、深入了。與布瑞的合作，成就了《宛如處女》專輯多首歌曲。布瑞回想與瑪丹娜共事的過程，「我就像是歌曲的骨架——音樂，她則是血肉——歌詞，她真誠地寫出一連串的心境。」她那時交往兩年半的男友班尼德茲承認，許多人都覺得被瑪丹娜利用了，不過他也辯解說人們對她的期望太高了。當瑪丹娜與班尼德茲訂完婚一同住在蘇活區時，許多人都認為他們會結婚。「他愛上她了，」他們的DJ密友亞瑟．貝克說，「他們倆水乳交融，是很棒的團隊。但她是老闆，是女

主唱，而男人比較不喜歡被人命令。」最後，他也變成她成功的受害者。班尼德茲也愛發號施令，這是問題所在。他倆的野心都太強，汲汲於追求個人目標，所以沒有時間培養感情。「他是個天蠍座的人，我們都想成爲明星，所以問題重重。」瑪丹娜承認說。他們爲她的音樂事業努力時，無疑是他倆最美好的時光。他們會討論新歌，探討創作或生意上的觀點。然而即使關係融洽，也有它的極限，瑪丹娜坦承，「當你工作的時候，私生活就會分崩離析。在私生活中，還談起唱片生意時，你會想知道雙方是否還有別的共同點。」

而班尼德茲發現瑪丹娜對艾莉卡・貝拉的密友史蒂夫・紐曼（Steve Neumann）有興趣後，衝突愈演愈烈。也許班尼德茲對瑪丹娜最大的貢獻，只是在她想適應名人新角色時留在她身旁罷了。他稍後對作家馬克・貝高（Mark Bego）說，「我們停戰時，感覺眞好，因爲我們曾互相幫助，度過一段非常艱困的時期。」他幫忙應付要求簽名的歌迷，幫她的髮型拿主意，替她擋住攝影記者，還會在她飽受媒體抨擊時守在身旁安慰她。不過長此下來，班尼德茲也開始厭倦當瑪丹娜的先生了。

一九八五年一月瑪丹娜飛到洛杉磯，爲她最新的單曲〈物質女孩〉（Material Girl）拍音樂錄影帶，那是一段只有三分鐘的影片，由瑪莉・蘭柏特（Mary Lambert）導演，她也是《宛如處女》的執導人。【物質女孩】錄影帶成了現代經典，瑪丹娜將自己變成好萊塢五〇年代典型的性感女神，重現瑪麗蓮夢露（Marilyn Monroe）在電影【碧眼兒日記】（Gentlemen Prefer Blondes）裡的角色。那是滿吃緊的工作，他們要在兩天內拍好，卻因危機陷入混亂狀態——瑪丹娜發現自己懷了班尼德茲的小孩。對於一個決心控制一切的女人來說，懷孕不啻是晴天霹靂。瑪丹娜在與情人討論後，認爲最好能墮胎。她的經理弗瑞迪·德曼在她身旁安排一切。幾年之後，瑪丹娜和她當時的男友吉米·艾爾布萊特（Jim Albright）計劃要生孩子時，她告訴他關於墮胎的事，包括她在加州時因班尼德茲懷孕那次。「那是一個她極易受創傷的時期，」艾爾布萊特說，「反映出她對名聲的激烈追求，受到她的母性與罪惡感的制衡。」一九八五初期，雖然瑪丹娜幾乎已登上事業巔峰，但她覺得寂寞又不安。在她墮胎之後，又意識到將失去班尼德茲，她陷入情緒低潮。她要求男友搭機到西岸陪她，他護送她到洛杉磯領全美音樂獎（American Music Awards）——瑪丹娜在最受歡迎流行女歌手獎上輸給辛蒂·勞珀（Cyndi Lauper）。這是他們最後一次約會，後來兩人維持著和睦關係。

她初遇後來成爲她丈夫的男人是在與班尼德茲關係剛結束之時。瑪莉·蘭柏特導演邀請了她的朋友西恩·潘及前女演員艾玲·潘同來觀看她拍攝【物質女孩】。潘酗

酒、有暴力傾向又會亂罵人，是好萊塢新生代演員中的一員，這些人當中有羅伯．勞威（Rob Lowe）、湯姆．克魯斯（Tom Cruise）及詹姆斯．佛萊（James Foley）。當時瑪丹娜擺好姿勢站著準備走出來，穿著紫紅色洋裝的她，看起來徹頭徹尾像個一九五○年代的影界天后。她注意到潘徘徊在牆邊的陰影裡，穿著皮夾克，戴著墨鏡。她後來說，在那一刻，她「立即幻想他們會相遇，相愛，然後結婚。」

她決定善加利用機會，爲自己打開好萊塢的門。雖然她世故老練，音樂事業成功，但是在她造訪西岸期間，只是一位來自中西部有名的訪客，不時爲了與好萊塢巨星擦肩而過感到無比興奮。艾莉卡．貝拉回憶說，「她完全被名氣俘虜了。她告訴我她見到了伊莉莎白．泰勒、西恩．潘。她感到興奮極了，不過，她對在此闖出名堂非常認真。」當小報談論著她與搖滾歌手王子(Prince)「火熱羅曼史」時，瑪丹娜如往常一樣，對王子如何發展事業更感興趣。兩人之間沒有擦出火花，不過在音樂與生意的合作上成果豐碩。王子成爲她擁抱音樂、錄影帶及電影世界的樣板。

一九八五年，瑪丹娜有六支單曲分別躋進排行榜，不下於五支音樂錄影帶在電視上播放，還有兩部她參與演出的電影【奪標27秒】及【神祕約會】。在【奪標27秒】裡她扮演一個小歌手蘇珊（Susan），她在片中唱了一首〈爲你瘋狂〉（Crazy For You），還有〈賭徒〉（Gambler）。【神祕約會】由蘇珊・珊德曼（Susan Seidelman）執導，主題曲播放瑪丹娜的歌〈跟著唱片轉〉，影片則於一九八五年三月二十九日發行，單在美國的票房就達到兩億七千三百萬美元，是那一年銷售排名第五的電影。評論家認爲她的表演還算成功，但她的前任愛人卡明思認爲她扮演的「並非劇中人物，而是自己。」對瑪丹娜來說，下個目標就是好萊塢。她總是心向演藝事業，而在這裡她也展開一段旋風式的羅曼史，最後演變成令她心痛不已的頭條新聞。

當小報正沸沸揚揚以頭條新聞，報導瑪丹娜與王子之間的私情，西恩・潘也開始浮上檯面。最初的接觸順利而友善，西恩・潘往下彎的嘴角、長得過於接近的雙眼及濃密的頭髮，都令她想起她的父親。當時西恩・潘就像瑪丹娜一樣，剛結束一段戀情。他與女演員伊莉莎白・麥高文（Elizabeth McGovern）訂婚兩年，後來因潘的急躁和忌妒心而解除婚約。潘開車載瑪丹娜在城裡四處兜風，並讓她看他收藏的槍。他們首次一起外出那晚，潘帶瑪丹娜到他的朋友華倫・比提的家，在那裡她見到了潘演藝事業的良師益友傑克・尼克遜、米基・魯克（Mickey Rourke），還有喜劇演員珊卓・伯納德（Sandra Bernhard），後來珊卓成了她的密友。

這段羅曼史發展得並不順利。三月初，兩人正式交往前，就曾爲了瑪丹娜與王子

外出一事而爭吵。而當潘在曼哈頓餐廳遇到他的前任女友伊莉莎白・麥高文，瑪丹娜又當眾將她辱罵一場。潘不慣於公開感情生活，但是媒體上都是瑪丹娜的報導，總是有一大堆的記者注意著他們。瑪丹娜選擇煙不離手、性情暴躁的潘，頗令外界驚訝。但他無疑深深影響了她。「我同時受他啓發，又對他感到震驚，」她告訴娛樂記者弗瑞德・史酷爾（Fred Schruers）說。她返抵紐約後，她朋友看到她襤褸的穿著都覺得很好笑。她告訴幾個圈內人她的新戀情後，他們馬上看穿西恩・潘在好萊塢中的影響力才是吸引瑪丹娜的主因。不過後來他們承認，瑪丹娜的確已深陷情網了。

潘第一次紐約之行並不愉快，他們彼此猜疑，突顯出東、西岸之間文化的鴻溝。她的一些同性戀友人像安迪・渥荷、凱斯・哈林及馬丁・柏高內發現潘似乎不太喜歡他們。「他覺得很恐怖，」艾莉卡・貝拉記起說，「他勉強與這群怪人坐在那兒。讓他起雞皮疙瘩，他等不及要離開。他不溝通，只會嗤之以鼻。」從那時起，瑪丹娜就小心地將他與她那些紐約朋友遠遠隔離。其實在潘驕縱、不成熟的外表下，藏著豐富的內涵。他像瑪丹娜在紐約的朋友一樣，對藝術充滿熱情，有勇氣反抗權威。作家林恩・赫許堡（Lynn Hirchberg）說過，「他倔強、愼思、有點危險、充滿潛能。他常常聽布魯斯・史普林汀的歌，也常讀查理・布高斯基（Charles Bukoski）的作品。」他以蔑視一切來保持他的純淨。「一個牛仔詩人，」瑪丹娜有回這樣形容。瑪丹娜不僅被壞男孩西恩·潘的狂野吸引，也心動於他正派、老式的騎士精神。

然而工作再次阻礙了羅曼史，瑪丹娜開始往返紐約與洛杉磯兩地爲首度全國巡迴演唱排練，演唱會於一九八五年四月展開。在此同時，潘在田納西州那什維爾爲開拍電影【強盜爸爸】（At Close Range）做準備，兩人只能靠打長途電話和週末的造訪來聯絡感情。爲了《宛如處女》巡迴演唱會，瑪丹娜請來麥可·傑克森和王子助陣。經過幾星期艱辛的排練之後，表演在西雅圖展開，西恩·潘也出席現場。五月瑪丹娜在她的出生地密西根龐提克演出街頭演唱會，他又再次現身。在底特律演出時，她將潘引介給父親和弗林，還有她在羅徹斯特亞當斯高中的老師認識。這次的巡迴演唱會空前成功，成千上萬的年輕女孩打扮成瑪丹娜的樣子湧入演唱會。一九八五年六月在瑪丹娜的巡迴演唱結束後，返抵紐約，接受圈內朋友的熱烈歡迎。他們視她爲打破傳統的先驅，成功地將了瀰漫國內的保守主義一軍。在她的友人瑪莉寶作東開的舞會上，她與昔日好友又聚在一起，但她顯得意興闌珊，她只想和老友團聚。

那個月潘和瑪丹娜只相處了幾個星期，他就向她求婚了。那是在納什維爾一個星期日早晨，當瑪丹娜從飯店床上一絲不掛跳起來時，他突然開口向她求婚，而她接受

了。一時間瑪丹娜懷孕的謠言四起，這對情侶對此保持緘默。不過，幾年之後，瑪丹娜向她朋友吐露，她當時確實懷孕了，那一年她墮了兩次胎，她認爲從事業的角度或兩人的關係來看，生小孩的時機還沒有到來。此次墮胎深深困擾著兩人，有位朋友說，「第二次墮胎對兩人創傷極深，特別是在他們關係進展得這麼快時。」孩子的問題的確是他們關係的裂痕。潘後來在《名人》（Fame）雜誌的一篇訪談中承認，「我想要有小孩，她不要。」然而，墮胎還不是最大的問題，更麻煩的事還在後頭。

瑪丹娜成名後，許多人開始討論她以前的裸照會對她的事業產生什麼影響。一九七八年在紐約，瑪丹娜曾與比爾．史東和馬丁．史克瑞簽約，以一節二十五元的代價拍過裸照。現在，它們將同時在《花花公子》與《閣樓》雜誌登出。她和她的團隊只能眼巴巴看著那些能拍到她裸照的幸運兒，以一次十萬美元的代價出售她的照片。

「沒有什麼事能讓我感到羞恥」瑪丹娜透過她的出版代理商莉姿．蘿珊寶發出這樣的聲明。瑪丹娜的錄影帶製作人艾迪．史坦堡問她的經理弗瑞迪．德曼說，「這一切難道不讓你心煩嗎？」這位經理看著他，彷彿他是個白痴。「艾迪，難道你還不明白？」他回答說，「爲了獲得這樣的宣傳，我們要付出多少代價？你根本買不到！」許多人揣測這是瑪丹娜一手導演的戲碼，極少人當她是犧牲者，還有更多的媒體談論著她的新商機。《閣樓》雜誌發行人包伯·古修尼（Bob Guccione）宣稱要給瑪丹娜一百萬美元，請她替雜誌拍裸照，不過她拒絕了。

瑪丹娜的過去所帶來的災難尚未結束。裸照出版後，史蒂芬·雷威基也看到大撈一筆的機會，他計劃出版一九七九年他與瑪丹娜拍的低成本小電影【某種犧牲】（A Certain Sacrifice）。他曾提供影片的發行權給艾迪·史坦堡的公司，搖滾美國影視公司也深感興趣。這支影片中充滿大量性虐待及強暴場面，每部賣五十九美元。史坦堡告訴弗瑞迪·德曼，他可以用幾千元的代價壓住這支錄影帶，但是後者對此沒有興趣。「把它拿去發行了吧！」他對史坦堡說，任何宣傳都是好宣傳。雷威基把錄影帶發行了，據說他從這部不值錢的影片賺了好幾十萬美元。儘管瑪丹娜信賴她的經紀人，置身這場風暴的她仍怏怏不樂。她付雷威基一萬元要他撤回【某種犧牲】卻遭拒絕，對簿公堂也以敗訴收場。她也發現很難應付她的未婚夫還有家人——特別是她的外祖母對裸照非常不諒解。「最令我苦惱的不是裸照，而是我感到一切都失控了。」她說。

正如弗瑞迪·德曼預知的，這些負面宣傳對瑪丹娜的事業並沒有造成傷害，充其量影響了她的婚姻。當訂婚的消息宣布後，媒體爲之瘋狂，渴望拍到照片的狗仔隊對他們窮追不捨。極度捍衛隱私權的潘開始敵視媒體。在納什維爾時，他用石頭攻擊兩

名英籍記者，結果被控傷害。他沒有辯駁上訴，接受了短期緩刑及罰款。向來與媒體合作愉快的瑪丹娜出面為他辯護，堅稱他是想保護她免於傷害。

這對情侶決定要在她的生日八月十六日那天結婚，婚禮在加州一個祕密的地點舉行，瑪丹娜為此費盡心思，渴望掌握每個環節。每天花幾小時打電話安排賓客名單、宴席、裝飾點綴及舞會。她請妹妹寶拉當伴娘，為了婚禮細節每天都要洽談七、八回。為了呈現了自己從無到有的足跡，她將婚禮主題定為灰姑娘與迷人王子的童話故事。灰姑娘的金色拖鞋放在每一宴席桌的正中央，作為裝飾。禮服設計師瑪蓮·史都華（Marlene Stewart），為她製作一件五〇年代風格的公主合身禮服，像「葛麗絲·凱莉穿過的」那樣。她邀請了所有她少女時代在電影或電視中看過的好萊塢明星前來參加。這對情侶精心計劃每項細節，幾乎到了偏執的地步。為了擋住媒體，他們極富幽默感地寄發署名「有毒的潘氏夫婦」的婚禮邀請卡給二百二十位賓客。婚禮的時間、地點極度保密，甚至連承辦宴席的史巴果（Spago）餐廳服務人員，也一直到前幾個小時才知道宴席的所在地。媒體發現這對情侶將在百萬富翁可特·安傑（Kurt Unger）在馬利畢（Malibu）的家舉行戶外婚禮，而此人是潘家的世交。

由於媒體的關係，瑪丹娜的童話婚禮很快就變成一場鬧劇。安傑的房子周圍擠滿了狗仔隊，低空掠過的直昇機也載滿記者和攝影師，吵鬧得誰都不可能聽見這對夫婦在法官約翰．莫利克前的誓約。婚禮開始之前，盛怒的潘跑到海邊，在沙灘上用巨字潦草地寫上「滾開」，甚至還用四五口徑的手槍，開槍警告直昇機。瑪丹娜跑到樓上站在窗口對他大喊停止，但她只能無助地看著他們苦心計劃的日子迅速陷入一片混亂。媒體不僅在外圍排徊，有些還滲透到婚禮賓客裡而被強制驅離。眞正受邀的賓客也各行其事，保持著冷漠的距離。「這場婚禮籠罩著許多陰影。」艾莉卡．貝拉回憶說。當夜，俱樂部老闆史蒂夫．魯貝爾在游泳池邊嘔吐，伴娘寶拉突然跑進化妝室向在場的人宣稱，「今天應該是我的結婚日才對，不是她的。」她接著對受窘的賓客說，「成名的應該是我，全部的注目都該屬於我。」

賓客很難眞心祝福這樁婚姻。瑪丹娜的朋友不喜歡潘，而潘的朋友則勸他不要完婚。這對夫婦在黛娜．華盛頓（Dinah Washington）深情演唱的曲子〈爲男孩瘋狂〉（Mad About The Boy）下竭力跳著舞，許多人都覺得只可用「瘋狂」兩字來總括這樁聯姻。無論如何，木已成舟，瑪丹娜已背棄自由，她現在是一位好萊塢演員的妻子。

進軍好萊塢

混亂的婚禮結束了，瑪丹娜也適應當潘太太的生活。在加州卡米爾（Carmel）隱密的高原旅館（Highlands Inn）度過蜜月之後，她學習著如何爲人妻，尤其是扮演好萊塢壞男孩的另一件。她不免想起在紐約舒適自在的日子，但她還是不斷地說服自己和密友，她對潘的愛有多麼深。但不久她就對洛杉磯奢華的生活感到無聊透頂。在紐約時她如魚得水，但洛杉磯的社交生活實在乏味，她就像野生動物被帶離叢林般，煩躁地反抗著牢寵，即使這樣的生活是她自己選擇的。

瑪丹娜的社交生活或許乏善可陳，但是到了一九八五年秋天，她的第三張專輯唱片進行得很順利。她在這張專輯中她共創作了九首曲子，她將它命名爲《眞實的憂鬱》（True Blue）——這是西恩最喜歡的詞，雖然只有曲名是直接獻給她丈夫的，整張唱片的靈感卻都是源於她對他的感情。「她深深愛著他。」與她一起製作這張專輯的布瑞肯定的說，「她只有在陷入熱戀時，才會寫情歌。」雖然《眞實的憂鬱》在一九八六年六月底發行時沒有贏得樂評家的盛讚，但它單在美國就賣出超過五百萬張，全世界又賣了兩千萬張，在二十八個國家都高居排行榜第一名。這時期的瑪丹娜得到了她要的男人，獲取她渴望的成功，接著她還想成爲電影明星。她後來承認說，「音樂對我仍非常重要，不過我總對電影有極大的興趣，想到我的餘生只能錄唱片，就滿懷恐

懼。」

一九八五年製片約翰・柯恩（John Kohn）寄給她一部喜劇片劇本《上海驚奇》（Shanghai Surprise）。其中的故事情節吸引了瑪丹娜，那是一個美國女傳教士，在三〇年代的中國，與一個英俊的詐欺者糾纏不清的故事。她和潘在與柯恩晤談後決定接演此片。起初一切都很順利，然而好景不常，製片人深知九天要拍完這部一千六百萬元的電影難如登天，尤其在拍片期間潘和導演導演吉姆・高達得（Jim Goddard）頻頻發生衝突。

瑪丹娜的情況與丈夫形成強烈對比，她非常敬業，總是準時出現、背好台詞。不過由於缺乏經驗，她總認爲第一次拍的鏡頭是最好的，所以當導演要求她再拍一景或以不同方式演出時，她就感到不悅。此外她也因太主觀而無法詮釋好角色。結果他們兩人成了大家的絆腳石。柯恩指出了他的女主角的敗筆，「演每一景之前，她從不問這個角色的內在動機，或她與別的角色的關係，所以開拍後，她不知道自己在演什麼。她只擅長與西恩演對手戲，因爲她眞的愛那個人，她演的是她自己，不是角色。其餘的戲都很呆板，因爲她沒有經驗。她經常走過一個場景，就認爲她表演得很好，其實不然，她失敗了。」

一位影評人就曾發表尖銳的批評，說她不會演戲，除非演的是她自己。一九八六年八月【上海驚奇】上演後，因爲評價不佳，票房大大失利，使她失控地指責每個人——除了自己。她形容拍片就像「地獄般的惡夢」，聲稱她「對它極爲失望。」又諷刺地說，「導演不必具有眼光，只要有點大腦就夠了。」事實深深傷害了她，她寄予厚望的電影，居然變成一場玩笑，她認爲自己會受到肯定，結果卻惹來嘲笑。

當《眞實的憂鬱》專輯中的每支單曲都名列排行榜前十名時，她的電影事業仍需努力。其實還有許多劇本可演，但是瑪丹娜已不知如何作正確的選擇，製片人也不確定是否該支持她。這段期間瑪丹娜首度與西恩合作演出大衛·拉貝（David Rabe）的舞台劇，劇名叫做【鵝與湯姆——湯姆】（Goose and Tom-Tom），她在片中演一個盜匪的女友。結果在紐約林肯中心的米玆·新屋戲院的首映之夜，西恩攻擊了兩位狗仔隊攝影師，這實在不是瑪丹娜想要的宣傳效果。

她的下一部電影是原名【監獄】（Slammer）的喜劇片，稍後又改名爲【神祕約會】（Who's That Girl?）。她主演的角色是一個機智的街頭少女妮基·芬（Nikki Finn）。由於她與潘的壞名聲及【上海驚奇】的敗績，使她得非常努力說服製片人華納兄弟，才能讓他們知道她的決心。此外，瑪丹娜還指定由潘最要好的老朋友兼【爸爸別說教】、

【以生見證】的錄影帶導演詹姆斯．佛利執導筒。結合才華可疑的電影明星及首次執導電影的導演，票房風險極高，不過華納欣然同意拍這部電影。

一九八六年十月【神祕約會】在紐約開拍時，氣氛還算輕鬆。瑪丹娜表現平易近人，努力投入演出，不過「第一個鏡頭」又變成衝突起因。【神祕約會】在一九八七年八月上映後，影片和原聲帶又造成了轟動，專輯單曲名列排行榜榜首，影評則令瑪丹娜稍感安慰。「頗具潛力但仍待琢磨，」文生．崁畢（Vincent Canby）在《紐約時報》如此寫道。雖然評論家對瑪丹娜的表演印象並不深刻，人們已經認同她的喜劇才華了。在美國，【神祕約會】的單曲登上榜首，巡迴演唱會的入場券也售罄，但這部電影在歐亞地區的反應卻比國內好。或許美國人不需要另一個女演員，他們只要瑪丹娜。

由於媒體對她的婚姻作了無情的臆測，使瑪丹娜的生活陷入低潮。西恩在她開拍【神祕約會】期間沒有去探訪她，關於他們即將分手的謠言更是火上加油。「媒體編造了非常糟糕的報導，完全違反事實。」瑪丹娜回憶說，「他們一下說我懷孕，一下說我們離婚了。有一陣子這使我們的關係非常緊張。」在婚姻早期，他們一起對抗媒體，瑪丹娜起初將潘的暴力表現視爲騎士風範，但她很快就厭倦了。形象受損使她付出了代價。例如拍【上海驚奇】期間，潘打了當地的攝影師及香港政客李歐尼爾・波拉侯，這位政客還花一百萬元控告潘。接著他又在一九八六年四月毆打創作歌手大衛・烏林斯基（David Wolinski）。後來烏林斯基堅持告訴，潘被罰了一千美元，緩刑一年。瑪丹娜不回應媒體的抨擊，因爲她知道自己的任何反應，只會被記者與攝影師玩利用，不過潘卻很容易被激怒。到了一九八六年中期，事情已經完全失控。潘發現每回出門，都會引來狗仔隊攝影師的辱罵，那些人希望他們的謾罵會使他動武，因而產生一篇有趣的報導或一張有利可圖的頭版照片。一九八六年八月，他們才在紐約慶祝完結婚週年紀念日不久，他又在回家途中遇上一群攝影師。

除了丈夫的行爲令她擔憂，同年六月她的密友馬丁・柏高內也被診斷得了愛滋病。瑪丹娜將自己的問題擱在一旁，盡其所能地幫助友人安度餘生。她自願負擔龐大的醫藥費，並替他租了一間位於紐約聖文生醫院旁的公寓，讓他便於接受治療。她不眠不休尋找每一個機會，好讓她朋友可以多活些日子。後來她獲悉一種可以治療愛滋病的實驗性藥物，雖然在美國尚未獲得使用許可，在墨西哥卻是合法的，結果潘替她飛越邊界帶回了這種藥物。潘的盡心盡力不僅對瑪丹娜意義重大，也提昇了他在她朋友間的地位。

攝影機就是喜愛瑪丹娜，她也愛攝影機。「她才不想脫離攝影機生活，更甭提說話了，」這是華倫．比提對這個一度是他情人的觀察。以下四張罕見的畫像照，約在一九八〇和一九八一年她住在紐約時拍的，顯示出多重面貌的瑪丹娜，這個不久就主導了音樂界的年輕女人，臉龐散發出燦爛的光芒，成為一個性感、自信女人的象徵。

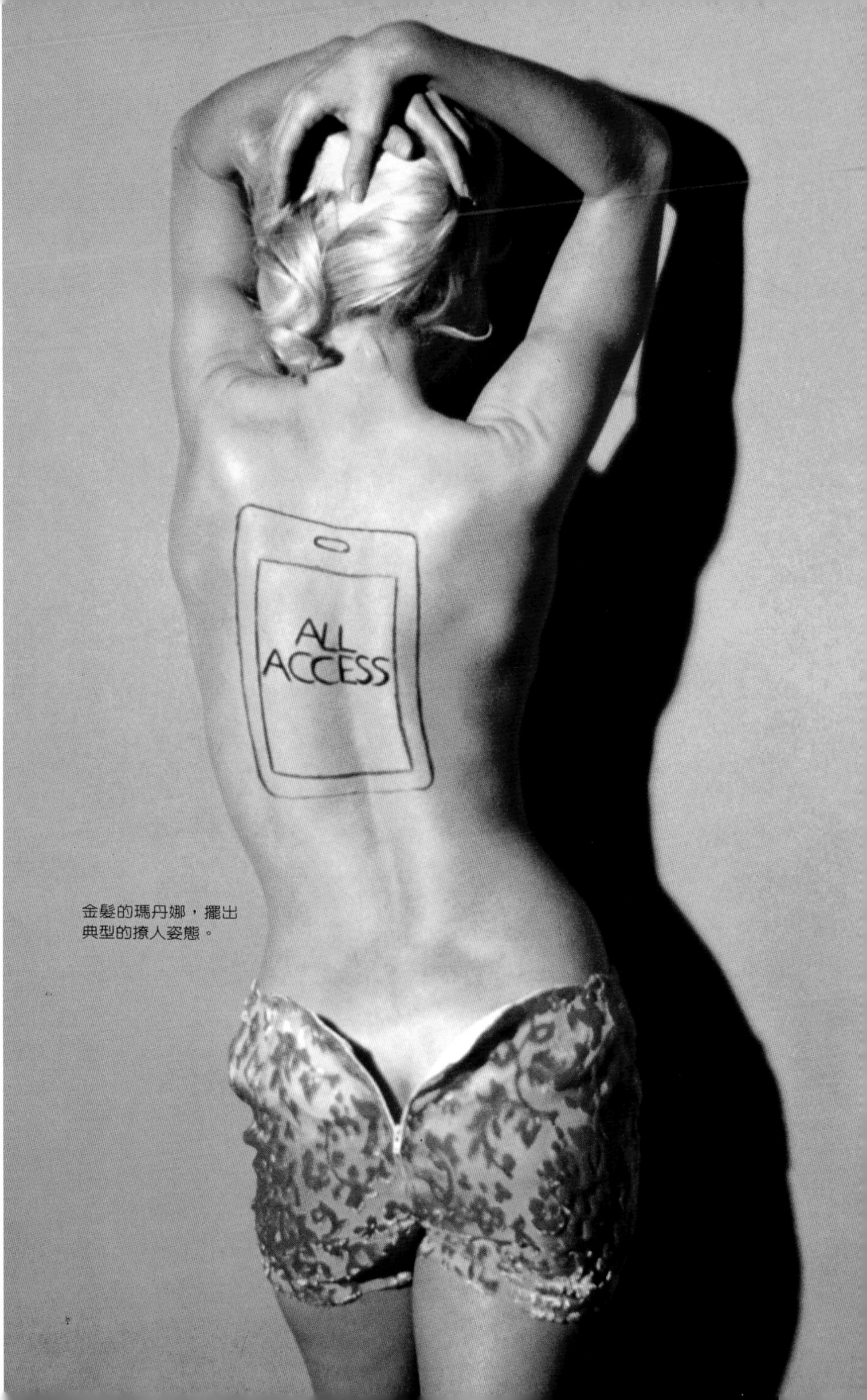

金髮的瑪丹娜，擺出
典型的撩人姿態。

瑪丹娜與紐約DJ約翰・班尼德茲，一九八二年他們相遇。瑪丹娜深深愛上他，並論及婚嫁，然而他們彼此對事業的野心，卻重於對彼此的愛。

瑪丹娜擺出撩人的「新娘裝扮」，她演唱〈宛如處女〉時就穿著這套衣飾，這首歌在美國蟬聯六星期排行榜第一名。有名的「男孩玩具」腰帶，現在成了她公司的名稱。

瑪丹娜與她丈夫西恩·潘，她於一九八五年生日那天嫁給他。不多久，人們就稱呼他們為「毒藥潘氏夫婦」。

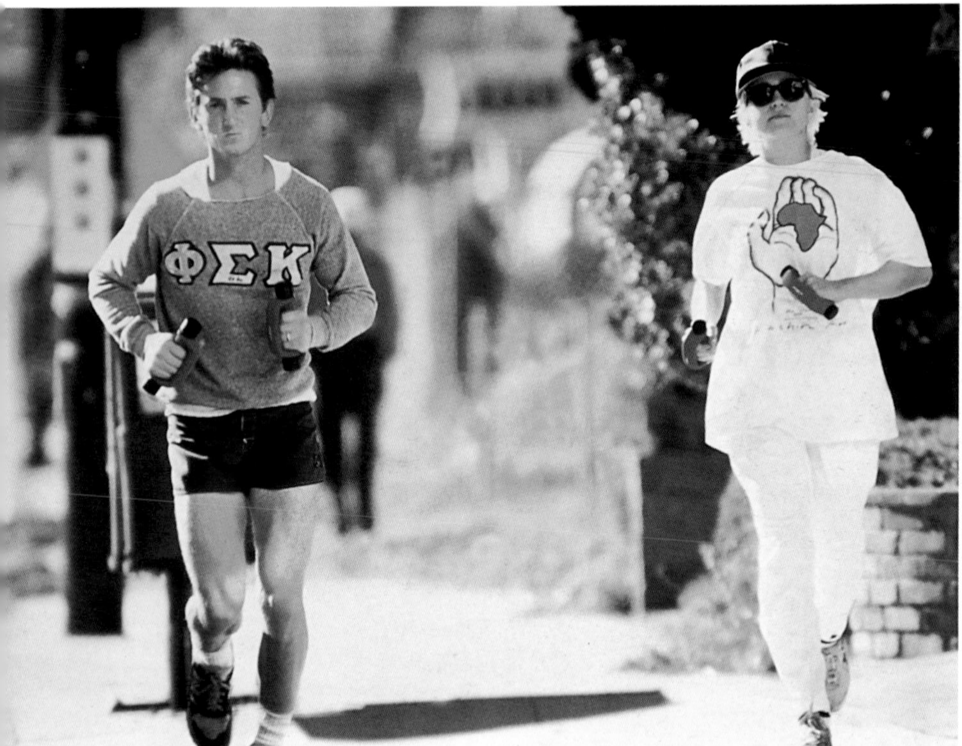

潘有回承認他比較喜歡「天天都上酒吧，不是體育館。」當瑪丹娜的事業如日中天，持久不墜之時，潘的酗酒、野蠻行為和對媒體出版界的憎恨，卻失去了控制。

瑪丹娜與雙性戀的喜劇女演員珊卓・伯納德，在她困擾不安的第一次婚姻期間，開始了一段古怪的友誼。潘對兩人公開的表演，勃然大怒，讓歌迷不斷猜測這段關係。

一九九〇年代初瑪丹娜巡迴演唱的成功，端賴她驚人的力量。她公然地顯露性感，一度提高了她的受歡迎度，但歌迷最終還是厭倦了這樣的角色。

一九九〇年，瑪丹娜成功地演出「金髮雄心巡迴演唱會」：她連續四個月在全球二十七個城市巡迴表演。

一九九一年，瑪丹娜與麥可·傑克森連袂出席奧斯卡頒獎典禮。

一九八九年華倫・比提讓瑪丹娜主演【狄克崔西】中的瑪夢妮（Breathless Mahoney）後，她就開始斷斷續續與他傳出戀情。

一九九一年，瑪丹娜為【與瑪丹娜共枕】拍的劇照。

性感的誘惑、撩人情緒，四周環繞著男人，這是瑪丹娜歷久不衰的公衆形象。

偕同東尼・渥德，他幾次出現在瑪丹娜的錄影帶裡，包括【與瑪丹娜共枕】。他也是她的書《性》中的特寫人物。

瑪丹娜和一度是她保鑣的祕密情人吉米．艾爾布萊特（左）相偕出席王子的音樂會。
艾爾布萊特的長相酷似瑪丹娜女兒的父親卡洛思．里昂。

瑪丹娜與聖安東尼奧馬刺籃球隊選手丹尼斯・羅德曼，她和他在一九九四年有過一段情。當他出版她傳給他的傳真信時，深深傷害到她。

一九九三年，瑪丹娜的事業已到達頂峰之際，她選擇另一場世界之旅——「脫衣秀巡迴演唱會」。

羅狄絲・瑪莉亞・西柯尼・里昂的誕生，帶給瑪丹娜機會，可以付出和接受她窮其一生尋求的愛。

瑪丹娜與卡洛思・里昂在【阿根廷別為我哭泣】首映會上。瑪丹娜在拍攝影片期間，懷了里昂的小孩，一九九六年十月生了一個女兒羅狄絲。

瑪丹娜與長期老友英格麗．凱賽莉。許多瑪丹娜的伴隨者都不歡迎她，因而人們都稱她為「陰影」。

一九九六年十二月，就在瑪丹娜生完羅狄絲兩個月後，她出現在洛杉磯，為她的電影【阿根廷別為我哭泣】作宣傳。她清新的形象有助於贏回舊歌迷，並且獲得新的歌迷。

史汀在最近幾年曾指引過瑪丹娜，就是在他家的晚宴上，她初次遇到蓋・瑞奇。

瑪丹娜和他弟弟克里斯多夫，她與他非常親密，他幫她設計她的豪宅及壯觀的舞台，並打理她的藝術收藏。

最近幾年，瑪丹娜和幫她設計婚紗的史戴拉．麥肯尼成為閨中好友。

Gwyneth 既是她的密友，也是她的伴娘。

現在我是誰？這位物質女孩開始迷上穿印有標語的T恤。蓋・瑞奇在她身旁。

瑪丹娜在她的二〇〇一年「沉淪世界巡迴演唱會」中，高高騎跨著。

二○○一年倫敦：瑪丹娜牽著與卡洛思・里昂生的女兒羅狄絲，蓋・瑞奇則擁抱著他們的兒子洛柯，那時他還不滿一歲。

柏高內的病情日漸惡化，不過瑪丹娜還是天天打電話給他，她活潑、積極的態度使他心情愉快，她也花時間買書和禮物，逗他開心。她在紐約的時候，會定期去探訪他，並像以前一樣摟抱、親吻他。「他眞的非常期待她的來訪，這讓她盡心盡力，希望能使好友活下去。」感恩節過後的星期日，柏高內呼吸已經很吃力了，他忽有意識忽而昏迷。雖然家人都陪在床邊，他卻要瑪丹娜。她最後走進病房，把他擁在懷裡，輕聲說著話，陪著他直到他嚥下最後一口氣。那一刻的情景，還鮮活地留存在艾莉克‧貝拉的記憶裡，「他們愛得很深。一聽到她走進病房，他就知道他可以走了。那景像非常感人，我現在還會爲它流淚。」

柏高內的早逝對瑪丹娜產生了巨大影響。接下來幾年，因爲愛滋病之故，她又失去了多位密友，如克里斯多夫‧弗林、凱斯‧哈利、史蒂夫‧魯貝爾，以及郝威‧蒙道。爲此她悄悄捐了龐大的金額給愛滋病研究中心，並照顧那些感染病毒的人。她成爲安全性行爲與同性戀權利的擁護者，大力宣導群眾認識愛滋病。她參加了無數的慈善活動，支持與愛滋相關的研究。一九九一年，她成爲第一位美國愛滋病研究基金會（AMFAR）勇氣獎的受獎人。據保守估計，她爲愛滋病慈善募捐的錢，已超過了五百美萬元。

像艾爾頓．強及黛安娜王妃等名人，都因宣導支持對抗愛滋病受到各界的讚譽，瑪丹娜的善行卻因身邊常環繞著爭議而蒙受陰影。愛滋病並沒有影響她的舞台表現，她繼續大膽地利用性作爲她的工具。一九八六年十二月，她出版錄影帶【敞開心扉】時掀起了另一場風暴。她在戲裡演一位異國舞者，穿著男西裝親吻一個窺視她的未成年男孩。片子由尚．巴提特．蒙地諾（Jean-Baptiste Mondino）執導，【敞開心扉】不僅大受爭議，也再度登上排行榜榜首，與做作的《眞實的憂鬱》形成尖銳對比。

在馬丁．柏高內生病期間，潘在妻子的眼中已略微恢復地位，但沒有維持多久。潘開始嚴重酗酒，行爲也完全失控。一九八七年四月，在電影【彩色響尾蛇】（Colors）片場拍片時，他發現傑夫瑞．克萊恩（Jeffrey Klein）正在偷拍他，潘對其飽以老拳，克萊恩掛彩離去後，並堅持提出告訴。由於潘還因打大衛．烏林斯基在緩刑中，他知道他躲不過這場牢獄之災。七月七日他開始服刑，不過他在加州莫諾郡監獄（Mono County Jail）只坐了三十天的牢，就獲釋出獄去德國拍戲。一九八七年九月他出獄那天，買了披薩帶回家給瑪丹娜，不過她看到他並沒有特別高興。他說，「入獄對任何婚姻都無助益。」的確，幾星期後，瑪丹娜指示不動產經紀人，開始尋找自己的房子，不過不久她又打消念頭。

他們的婚姻出現裂隙之際，瑪丹娜卻忙於鞏固她的事業。四月時，她的歌〈美麗的小島〉（La Isla Bonita），收錄於《眞實的憂鬱》專輯單曲中，已經蟬聯第十二次排行榜榜首了，這也是她的全盛時期，到了夏天，她還要開始策劃【神祕約會】的巡迴演唱會。

當她投入大量精力在巡迴演唱會之際，心中充滿了懷疑不安。然而結局相當圓滿，歌迷和評論家都喜愛它。「沒有誇大的訊息，沒有啓示，熟悉的聲音與形象，還有令人喜愛的曲調——這場表演令人輕鬆愉快。」《紐約時報》一篇評論說道。她的歌迷也反應熱烈。演唱會在日本大阪舉行時，瑪丹娜一抵達機場，就有二萬五千名的歌迷爭睹她的風采。在法國，蜂湧而至的觀衆使市長差點取消危險的演唱會。

她在北義大利的都靈（Turin）結束最後一場演唱會，在六萬五千名歌迷面前宣稱她以身爲義大利人爲傲。她的首度世界巡迴演唱會，獲得了空前的成功。結束時瑪丹娜表示她不想再聽到任何自己的歌，也不確定是否會再創作，「我帶著燃燒完的熱情回來，我相信自己短期內不會接近音樂，」她當時這麼說。

瑪丹娜唱完最後一場巡迴演唱會前，【神祕約會】早已下片，她對電影之夢仍滿懷希望。接下來她決定主演【百老匯獵犬】（Bloodhounds of Broadway）這部大卡司藝術電影。瑪丹娜原本希望藉藝術品味，讓人們更認眞地肯定她的角色，但這部小成本影片並沒有受到觀衆的喜愛，也沒有獲得評論家的青睞，電影在紐約下片了兩星期甚至無人注意到。她進軍好萊塢成果不如預期，但是她仍沒有放棄。八七年秋天她接演大衛·馬米特（David Mamet）最新的舞台劇Speed-the-Plow，不過再度造成困擾的並非她的演戲態度，而是她對藝術的詮釋。評論家抱怨她的生澀。「小有長進，不過還不成氣候。」《紐約郵報》說道，然而郵報的敵手《紐約每日新聞》卻在頭版上喊說，「不，她不會演戲。」這回瑪丹娜責怪大衛·馬米特，緊接著說跟這位普立茲獎劇作家「不會再有興趣合作，我想他對法西斯主義者會比較有興趣。」如此針鋒相對，倒讓這部嚴肅的作品在預售門票上打破了百老匯的紀錄。

這個成功、自信的明星，帶著困惑與焦慮，繼續邁向劇場與電影的山峰。畢竟，她精通音樂錄影帶的藝術，它們的社會衝擊力和藝術品質都不容否認。《村聲》專欄作家兼瑪丹娜陣營跟從者麥可·慕斯托說，「她對於高等視景、時髦的錄影帶具有完美的才華。一旦要將角色安頓在影片中，並與其他角色互動，她經常極端自覺。她無法像雪兒（Cher）與蔻妮勒芙（Courtney Love）那樣，散發自然的銀幕魅力。」

到了一九八八年九月，她的電影Speed-the-Plow下片之時，瑪丹娜已經達到了事業

的顛峰，從任何標準來看，都是非凡的藝術成就。才三十歲，她就演了四部好萊塢電影、一部百老匯舞台劇，她的音樂也有十二支暢銷單曲，及四張暢銷唱片專輯。她也策劃過兩次入場券售罄的巡迴演唱會，使她建立起國際超級巨星的地位。她勇氣非凡與不屈不撓的形象，掀起女性主義革命，讓全世界上百萬女人感到她們是強壯、官能、自我掌控又能保留女性氣質的女人，性別不是成就的障礙。同時，她對愛滋病宣導以及對同性戀與黑人團體的支持，也影響了性別與種族的關係。她與雷根、戈巴契夫並列爲這十年間創造時勢的二十位風雲人物之一。一九八七年底，她也被《富比士》（Forbes）雜誌評選爲收入最高的演藝人物第七名，年度總收入爲兩千六百萬元，是娛樂界賺最多錢的女性。

除去在電影圈失敗的經驗，她在五年之內就締造了事業高峰，但她卻放棄挽救她的婚姻。到了一九八七年中期，她接受了西恩跟她一樣，都不願遷就對方的事實，徹底失去了扮演潘太太的興趣。驕傲、意志堅強又好競爭的西恩，想讓瑪丹娜扮演一個馴養在家的女神。本身就是個明星的他，在他妻子的事業達到高峰時，因被稱爲「瑪丹娜先生」而苦惱。而固執又頑強的瑪丹娜，不願因婚姻而妥協工作。有一位密友解釋說，「他犯了致命的錯誤，就是在他們的關係即將破裂時，想把自己擺在她的事業前面。」

他們的關係奠基在複雜的活動上，她總是極力想控制一切，還幻想掌控丈夫。然而她卻是與一個在私底下、公衆前都失控的男人一起生活。簡言之，她是想馴服他，而他則想將她圈在家裡。這顯然就是他們感情受創，終至離婚的原因。「我們是兩團彼此接近的火焰。令人興奮又覺得痛苦，」瑪丹娜稍後黯然表示。瑪丹娜的不安全感和她丈夫的酗酒、鬧事、花心，終使他們的婚姻無可挽回。一九八七年十二月四日她提出離婚，她指示她的律師恢復她未婚時的名字，並且照婚前兩人的協定，將財產分開處置。她打算給前夫一筆錢，她爲失去了心愛的男人感到悲痛。然而潘顯然不領情，他非常有個性地走開，與他的好萊塢密友飲酒去了。

瑪丹娜是個浪漫的象徵，總有男人等在舞台下陪伴她。她的一位前任男友說她是永遠的旅人，總有別處可去，總有可靠著哭泣的肩膀。那年十二月，她哀悼著她的婚姻，同時也默默計劃著要從好萊塢名人晉升到美國貴族。從一九八五年她的暢銷單曲〈物質女孩〉起，瑪丹娜的名字已成了瑪麗蓮夢露的同義詞，這兩個偶像的不同之處是，瑪丹娜挑戰並肯定嚴酷的生命，夢露則是脆弱自毀，以致早早殞落。一九八七年聖誕節前幾星期，當瑪丹娜祕密與總統兒子小甘迺迪約會的消息走漏時，難免令人感

嘆造化弄人。

早些時候，他們就在紐約一次舞會上碰過面，這位前總統之子擁有嚴峻、憂鬱的五官，健壯的身體，過人的才智以及名門出身的家世。瑪丹娜不只是對甘迺迪有興趣，也對她的母親賈姬·歐納西斯（Jackie Onassis）懷有熱情。這位美國人的偶像，與瑪麗蓮夢露及瑪丹娜並列，甚至讓她們都黯然失色。遺憾的是，賈姬顯然並不希望兒子與這樣一位備受爭議的人物約會，尤其是瑪丹娜還是已婚身分。他們短暫地交往了一陣子後便分道揚鑣，小約翰就跟他母親一樣被瑪丹娜的名聲和狂野嚇著了。分手後，她對朋友說，他太緊張以致於他們的性事無法配合。這樁曇花一現的戀情讓潘忌妒得發狂，即使他們離婚之後，還是令他心痛極了。幾年後，這兩位男人在紐約一次舞會上相遇時，潘粗魯地告訴甘迺迪說，他欠他一句抱歉。

一九八七年聖誕節前一星期，就在她提出離婚後兩星期，她反悔了。潘發起一項迷人的攻勢，他動員朋友的力量，在勸合聲中，他送給她汽球與一通會唱歌的電報，他們終於同意更努力經營婚姻。雖然如此，兩人還是無法在事業上讓步。

瑪丹娜後來認識了喜劇演員珊卓·伯納德（Sandra Bernhard），她是個足以讓瑪丹娜對生命、婚姻及性關係改觀的女人。她們第一次相遇一拍即合。「像是前世註定好的緣份。」伯納德回憶說。她和瑪丹娜與演員珍妮佛．葛瑞，組成一個喧囂、狂鬧、性趣曖昧的「搶奪黨」（Snatch Batch），使大眾對瑪丹娜的性向問題關注不已。

一九八八年六月西恩．潘從東南亞拍片返家，發覺他們的婚姻關係已演變成三人行。瑪丹娜承認說，「與西恩關係的結束，正是我與珊卓關係的開始。」他們走到哪兒，珊卓就跟到哪兒，顯得極不識趣，不過這卻是瑪丹娜對潘狂妄行為的反制。那些荒唐的行為確實沒有改善。當他返抵美國，又在邁克泰森（Mike Tyson）拳擊賽上，開口謾罵攝影記者及歌迷。沒多久又對他太太發脾氣，無可避免地遷怒到伯納德，夫妻關係又進入新的低潮。

人們在Twenty-20俱樂部爲潘的戲劇舉行的首演舞會上，聽見他對她大吼，「妳這蕩婦，妳怎能這樣對待我？」對潘來說，妻子與珊卓曖昧的行爲嚴重傷害了他。其實問題的根源是她堅持事業先於小孩。幾年後，瑪丹娜承認說，「西恩想要有小孩。但是現在不是時候，你知道事事都有定時。」雖然小孩與事業的衝突橫在兩人之間，潘對妻子與她朋友的懷疑，更加深他們之間的鴻溝。她們是愛人嗎？這是她與伯納德留給大眾猜測的事，瑪丹娜對此不予置評。吉米．艾布萊特曾於九〇年代，與瑪丹娜度過三年愉快的情人關係，他確信她們同睡過。因此，他們的婚姻失控傾垮後，西恩．

潘搬回與父母同住，而珊卓．伯納德則住進這對夫妻在馬利畢的家。

結局就像她的婚禮一樣戲劇化，只是警員的擴音器，代替了直昇機的螺旋槳噪音。十二月二十九日那天，武裝的警員包圍起兩人在馬利畢的住宅，一位警員擴大聲音要求潘要走出來。潘放下一碗大米脆片，離開餐桌閒逛入早晨的陽光中面對武裝警隊，他們採取這種極端行動，因為他們知道他屋裡有槍。「我曾威脅要剪掉她的頭髮，」潘告訴作家克里斯．慕迪（Chris Mundi）說，「她當真了，情況非常戲劇化。」

實情是前一晚，經過一番爭吵之後，惱怒的潘抓起瑪丹娜重重摔下，然後綑綁她的手臂，不讓她動彈。他無視於她的哀叫、哭泣達四小時之久。她只是靜靜地躺在那裡，完全嚇壞了。在那短暫的暴力時刻裡，什麼修好的希望都化為烏有了。一個月後，他們離婚了，西恩．潘後來與女演員蘿賓．芮特（Robin Wright）結婚，當了兩個孩子的父親，瑪丹娜則狂熱地投入她的事業，同時也展開一段性探索，令她的歌迷與誹謗者騷動震驚。

瑪丹娜婚姻破裂幾個月後，她與一位女朋友坐在紐約一家咖啡館外面，汲取著春陽。路人沒有認出她來，也沒有埋伏的攝影記者，她第一次可以放鬆片刻，沉思。瑪丹娜自認是個「舊式」的女孩，尊敬婚姻制度，她真的相信只要把心、靈魂放進去，就可以使婚姻關係和諧美好。結果卻是那麼令人失望，成了她痛苦與懊悔的來源。即使如此，她從中學習到了經驗，成爲一位更有智慧、更成熟的女人了，她決定絕不重蹈覆轍，即便沒有狂喜，至少內心平靜。她想，或許這樣最好。

MADONNA

情人，别走

看到他的歌迷紛紛湧進紐約一家俱樂部，香草冰（Vanilla Ice）心裡已經打定主意，準備把這場演唱會鬧得轟轟烈烈。可是正當他的樂迷全心沉醉在他的歌聲中，忽然一聲轟然巨響，巨大的低音喇叭揚聲器爆開了，屋頂上掉下來的石灰瓦砸到幾個歌迷的頭。想到即將面臨訴訟事件，他的經理湯米．柯翁簡直煩死了，幸好後來這件事被安撫下來，每一個人都高高興興地回家了。

香草冰於一九六八年十月生於邁阿密，本名是羅勃特．凡溫可（Robert Van Winkle），他是個炙手可熱的饒舌歌星，聲音比一排喇叭加起來都大。一九九〇年他的暢銷曲〈冰封天體〉（Ice Ice Baby）榮登美國排行榜上首支饒舌單曲冠軍，而他的首張專輯《到達極限》（To the Extreme）在全球狂銷了一千五百萬張。音樂會過後，後台開始騷動了起來。他們的錄音總監查爾斯．古伯曼帶著一群人擠進俱樂部，人群中包括瑪丹娜和一個穿著性感的女友。經過一個晚上的閒聊，這位饒舌歌手與熱門音樂天后就此墜入情網。事實上，這是瑪丹娜慣用的模式，她是時尚狩獵者，專門捕獵與收集當季最入時響亮的名字，對曝光與愛情，她同樣饑渴。自從一九八九年與西恩．潘離婚之後，出現在她生命的男人只有兩種：一種是像模特兒東尼．渥德（Tony Ward）那種小人物，其作用是陪襯她的巨星風采和地位；另一種則像她的超級巨星朋友華

倫．比提（Warren Beatty），麥可．傑克森（Michael Jackson）等，他們主要是爲她那傳奇般的地位背書。不過在一九九一年，這兩個人的聲譽遠遠不及香草冰響亮。

一九八九年以前，瑪丹娜就已經找到了演藝事業的煉金公式，能把創意與爭議調和在一起，藉此提煉出商業黃金。反諷的是，她這一套是從她前夫那裡學來的。她從西恩．潘那兒得到鼓舞，敞開心懷且誠實地面對她的童年，以及她的婚姻所帶給她的負面影響。其結果就是她那張大受歡迎，但也備受爭議的專輯《宛若禱者》。她把這張專輯題獻給她母親，因爲她說她母親「教我怎麼祈禱」。這張發行於一九八九年的專輯不僅探索人與人之間關係的瓦解，也碰觸到其他敏感的課題——母親之死、與父親的不合，還有她對天主教的困惑。她已經能透過音樂，表達她心裡的各種壓抑，「要這麼做你得要有很大的勇氣，我錄製這張專輯冒了大險。

但是在拍攝【宛若禱者】的錄影帶時，她所冒的險更大。這卷由瑪麗．藍伯特（Mary Lambert）執導，調子沉鬱、令人不安的帶子與百事可樂的廣告同時發行。不同的是，百事可樂固然採用了瑪丹娜爲他們寫的同一首歌，但是那部廣告片卻充滿陽光，充滿感性。在【宛若禱者】這卷錄影帶裡，瑪丹娜目睹了一起謀殺案，與一個遭受誣告的黑人墜入情網，並且從一群具有種族歧視情結的大眾手中把他救了出來。在這女性主義的童話故事裡，瑪丹娜大膽顛覆了「等待救援的可憐少女」的傳統。在影片裡，她身穿黑色皮衣，在燃燒的十字架前跳舞，在教堂裡親吻非裔聖人聖馬丁·包瑞斯（Martin de Porres），手上還出現了紅色斑點宛如耶穌的圖像。她拍這卷錄影帶的初衷固然是要鼓吹人們揚棄種族歧視，但是這一層訊息卻被隨之而來的爭議掩蓋了。原因是衛道人士與梵諦岡對她提出抗議，說她在熱門音樂錄影帶裡使用具有宗教象徵的圖像，有褻瀆基督教的嫌疑。

倒楣的百事可樂陷入了進退兩難的局面，因為他們在八九年就已經付了瑪丹娜五百萬美元的廣告費。許多宗教團體認為瑪丹娜是在「揶揄基督教信仰」，於是群起杯葛百事可樂的產品。百事可樂眼看事態嚴重，不得不把廣告換下來。這起事件的贏家是瑪丹娜，因為廣告雖然換下來，她還是可以留下鉅額的廣告費。瑪丹娜做到了別人不可能做到的事：既保持藝術家的高調，又在商業上取得傲人的成就。九〇年她的年淨收入估計有三千九百萬，躋身全球收入最高的女事業家之列。瑪丹娜也一直努力製造一個印象——她之投入廣告的拍攝，其實是因為她把廣告視為另類藝術。「我真的覺得拍一支具有某種藝術價值的廣告是一項極大的挑戰，」她說道。

在享用藝術這塊蛋糕的同時，順手帶走一大塊商業大餅，成為瑪丹娜經營事業的

固定模式。所以在一九九〇年，當她答應在迪士尼電影【狄克崔西】（Dick Tracy）演出風騷的俱樂部歌手瑪哈妮（Breathless Mahoney）一角時，迪士尼公司的宣傳噱頭是，瑪丹娜因爲太喜歡與當時的導演兼演員華倫·比提同台演出，而同意接受電影公會的標準待遇，只收一星期一千四百四十塊美金的片酬。然而，迪士尼電影公司略而不提的事實是：瑪丹娜擁有該部電影的票房淨利抽成及電影原聲帶的版權。所以全部加起來，從片酬到小費，她大概賺走了一千三百萬美元。就她的演藝事業來說，這次參與演出並沒有吃虧。這位擁有白金唱片的金髮女郎把當代版的梅·韋斯特（Mae West）演活了，她那種華麗而低俗，大膽而風騷的演出風格使她贏得許多掌聲。

一九九〇年瑪丹娜推出的錄影專輯【愛的辯白】（Justify My Love）裡，觀衆再度體驗到她巧妙地把輿論與商機融合在一起的手法，也再度呈現她在性方面的大膽作風。基本上，【愛的辯白】充滿情慾的幻想。在這支錄影帶裡，風情萬種的瑪丹娜來到巴黎一家旅館，看到了一個肉慾橫流的下層社會。因爲帶子裡出現了大量同性接吻的描寫，包括瑪丹娜和模特兒雅曼達·得·卡德內（Amanda de Cadanet）相擁而吻的鏡頭，所以MTV音樂頻道禁止播放這支錄影帶。但是瑪丹娜一點也不因此感到氣餒，她乾脆自己銷售這支只有五分鐘的帶子，結果總共賣了八十多萬張，可謂成果斐然。

此後，瑪丹娜持續探索與女性主義相關的課題，在音樂裡提出她自己的看法，尤其是關於性別與情慾之間的模糊性。這是女性主義重要的議題之一，論者以爲女人可以掌控自己的身體、角色還有生活。雖然瑪丹娜在她的專輯《宛若禱者》的錄影帶裡已經稍微碰觸到這個主題，但是要到「金髮雄心巡迴演唱會」上，這個主題才得以充分表現。這場連續四個月，在全球二十七個城市巡迴演出的演唱會奠定了瑪丹娜的名聲，即現代版的女戰士（Amazon）——她每一場充滿情慾色彩與異國情調的演出裡，都以女人至上的概念作爲結局。她穿著尚・保羅・高提耶（Jean-Paul Gaultier）設計，象徵著永遠女超人的圓錐形盔甲胸罩在舞台上昂首闊步，而她的伴舞則扮演肌肉僵硬的奴隸，完全臣服於她的意志之下。而高提耶表示這套服飾將永遠與瑪丹娜劃上等號，也可以用來描述瑪丹娜的內心世界。「一件堅固的外殼，用以保護隱藏在內心裡的脆弱。」這話說得一點也沒錯。瑪丹娜在錄影專輯《宛若禱者》所暴露的脆弱清楚呈現在生活裡。無可否認的，瑪丹娜已是娛樂世界的焦點人物，可是在感情上她極度需要媒體的崇拜和肯定，這與她所創造的形象大相逕庭。香草冰首先體會到瑪丹娜的矛盾。他費好大的力氣，試圖了解事業這麼成功的一個女人，怎會與他所交往那個女人連在一起——他交往的那個女人時常埋怨他沒有打電話給她，而且還會在深夜或清晨

電話查勤，追問他是否正跟其他女人約會。

首先展開追求的人是瑪丹娜，因爲她爲香草冰的成就和個人魅力深感著迷，但香草冰沒有輕易上鉤。她給香草冰灌迷湯，說香草冰使她想到貓王，但是香草冰卻不怎麼欣賞瑪丹娜的音樂。用句他的話來說，瑪丹娜的音樂都是「下賤老舊的狗屎」，而且他也考慮到兩人的年齡相差了十歲。但是最後他還是把顧忌拋在腦後，掉入瑪丹娜所布下的情網。「她開始打電話給我，」香草冰回憶道。「我們開始向對方傾訴心裡的感情。那是眞正屬於我們個人，很有深度的談話。」所以，當瑪丹那到印第安那州的艾文斯惟爾拍攝【粉紅聯盟】（League of Their Own）的那個夏天，兩人就時常喬裝打扮一下，相約到外頭見面。他們一起去看電影、上館子，而且通常都不帶司機或保鏢，避免引人注意。「我們祕密交往了很長一段時間，那實在是很酷的一件事，也花了很多時間了解對方，」香草冰回想道。他原以爲瑪丹娜會是個驕傲、無禮的大明星，經過一段時間的交往，他意外地發現她竟然是個「體貼、天眞、性感的女孩」。隨著兩人關係的進展，瑪丹娜沒有拍片、錄音或巡迴演出的時候，都會打電話到佛羅里達找他。他通常都躺在甲板上，看著天上的星星，跟瑪丹娜一聊就是兩三個小時。回想當年時光，香草冰覺得「就像回到高中時代，抱著電話跟你的心上人聊天的樣子。」

遠距離長談增進了兩人的情感。「她眞的很喜歡我，還說她愛我。瑪丹娜是你最想要娶的女人。如果她一直維持那樣子我們早就結婚生子了。」

幾個月後，他開始看到瑪丹娜個性的另一面——需索無度、緊張不安、沒有安全感、老是懷疑別人。香草冰這時期的生活除了四處演唱，出席公衆場合，吸食古柯鹼外，已經盡一切可能當個固定的男朋友，但瑪丹娜似乎總是不明白他已經很盡力了。促使香草冰離開瑪丹娜的正是她的疑神疑鬼——她會深夜打電話，把他吵醒，要不然就是在他的答錄機裡留言，哀求他別走。香草冰意識到，瑪丹娜表面上看似擁有一切，但本質上卻是一個不快樂、憂傷、必須四處尋找愛與滿足的女人。他也發現她大多時候都很自戀、自私，而且脾氣暴躁。那時瑪丹娜已經和西恩．潘離婚兩年了，香草冰卻看出來，瑪丹娜心裡還是愛著他。一九九一年，西恩．潘的情人蘿賓．芮特生下一個女兒荻倫（Dylan），瑪丹娜忍不住胡思亂想起來——如果她和西恩還在一起，那會是怎樣的光景呀。一個月後，她在坎城影展上發表了一部紀錄片，即「金髮雄心巡迴演唱會」的幕後花絮【眞實或大膽】。在片中，瑪丹娜曾坦言自己一生最愛的人是西恩．潘。事後她想把這一段剪掉，但是麥拉美（Miramax）影片經銷商哈維．維根思坦（Harvey Weinstein）告訴她，「妳剪，我死給妳看。」

表面上，【眞實或大膽】是一部描述「金髮雄心巡迴演唱會」幕後花絮的記錄片。但是這部由新人亞歷克·柯席安（Alek Keshishian）執導的記錄片其實是一部有關瑪丹娜的電影。「這有點像在做心理分析，然後讓全球觀眾一起來欣賞。」亞歷克·柯席安解釋道。【眞實或大膽】裡拍到的每一個人，包括瑪丹娜的父親東尼·西柯尼、她當時的男朋友華倫·比提，這些人的作用猶如電影裡的道具，不過是用來陪襯瑪丹娜巨星的風采而已。電影裡有一幕場景是：瑪丹娜的父母坐在一間房間裡等她，而她在相鄰的另一間房裡，手裡拿著一個愛維養礦泉水瓶，模仿著口交的動作，然後告訴她的同性戀女友珊卓·伯納德，說她小時候總是要等她父親跟她做過愛後才能入睡。「開玩笑的啦，」她隨即補充道。在這卷紀錄片裡，瑪丹娜也暴露她的兄弟克里斯多夫是同志的內幕，還說她的大哥馬汀是個酒鬼。

當然並不是每一個人都甘心被瑪丹娜這麼利用。她的三個伴舞對跟她在影片裡表演法國式擁吻一事很生氣，一狀告上法庭，控告瑪丹娜侵犯隱私權，在影片裡作假欺騙觀衆。此事後來以庭外和解了事。瑪丹娜也在影片裡抱怨她的男朋友華倫·比提，說他是個「娘娘腔」，這點讓華倫·比提聽了很不高興，最後他到法院申請了一紙禁制令，要求瑪丹娜停止在紀錄片裡使用兩人的私祕談話。比她年長二十二歲的華倫·比提說瑪丹娜有一種無可救藥的自戀狂與自我展示狂。看到瑪丹娜如此沉迷於製造曝光機會，他實在感到十分震驚。

有時瑪丹娜的確是過火了點。例如在一次訪談中，記者向她探問華倫．比提的陰莖大小，瑪丹娜回答說，「我沒有量過，但是我確定他的弟弟很完美，很棒。」另一回她上午夜電視談話談話節目「雅森尼歐」（Arsenio）時，向主持人雅森尼歐．豪爾（Arsenio Hall）吹噓她的床上工夫足以滿足華倫．比提這位名聞遐邇的猛男。一九九○年電影【狄克崔西】上演後，瑪丹娜幾乎馬上就跟華倫．比提分手了，這種行爲更證實了大家的看法，即她和華倫．比提的戀情根本就是爲了製造話題。對她而言，華倫．比提的名氣是可資利用的手段，也是值得誘惑的對象，最初吸引她的就是他的明星風采，不過到頭來這也是兩人關係失敗的原因。瑪丹娜承認她是愛華倫．比提的，但是她也明白華倫．比提絕不會願意充當她的副手。

如果瑪丹娜要找的是一個生活夥伴，甚至靈魂伴侶，同時還能大大增進她的知名度，她很快就可一償宿願了，因爲她與華倫．比提的戀情結束後，另位超級名星就取代他的位置。在她向電影大師學完藝，此刻的她便打算奔向麥可．傑克森這位超級歌手求經去。【狄克崔西】這部電影在一九九○年六月上映時大受好評，瑪丹娜受邀在

一九九一年三月二十五日奧斯卡頒獎典禮上獻唱，手套歌神正是她的幽會對象。一個是雌雄莫辨的歌手，一個是世界上最性感的女人之一，這種嘩衆的組合讓全世界熱到最高點，而瑪丹娜總能展現話題女王的功力，把故事演到完美。傑克森身著鑲滿金屬亮片的白色夾克和手套，瑪丹娜則是一襲鮑伯．馬奇（Bob Mackie）設計閃熠熠的白長衫，外加借來價值兩仟萬的鑽石首飾，兩個人聯袂出席在奧斯卡頒獎典禮，立即造成轟動。

當記者詢問兩人關係時，瑪丹娜和傑克森眉眼來眼去的樣子，讓一代歌神給大衆的印象簡直像是怪胎秀裡的展覽品。儘管如此，瑪丹娜可沒放棄要把麥可．傑克森收編進她的情場戰利品中。後來，瑪丹娜向她的一位情人透露，在奧斯卡典禮結束後不久，她確實試過挑逗傑克森，只是任憑她有萬種風情也引不起他的「性趣」。「他們在麥可家的睡椅上，她靠向他，就在他們的舌頭要碰到一塊的時候，他咯咯地笑了起來。結果，什麼事也辦不成，因爲他就這樣一路笑到底。傑克森是她無法征服的男人。」

一九九〇年八月爲瑪丹娜舉辦三十二歲的慶生派對時，瑪丹娜和雙性戀又有變裝癖的演員東尼．渥德邂逅，爲了從和華倫．比提失敗的戀情中重振雌威，瑪丹娜周圍的朋友都認爲這個秀色可餐的年輕小伙子值得打包回家，尤其是他只有前任情人的一半歲數——二十六歲，瑪丹娜果真盛情難卻地把他帶回家去。他們成爲親密愛人，派對結束後一個月，渥德便搬進她位於好萊塢的豪宅。幾個月的時間，瑪丹娜厭倦了好萊塢猛男，轉和好萊塢的玩伴男孩形影成雙。

兩位名演員同是圈內出名的性愛高手，提供異性戀的激愛，而東尼．渥德這個變裝名人則在性角色上提供不同選擇。正如瑪丹娜的前夫和比提可以讓她想起父親，安靜、沒自信、被動的渥德則勾引出她母性的光輝。可是，情愛不比母子，她必然也希望能有互動。「她叫我滾的最大理由是，她不想再像老媽子一樣地看顧我。」渥德很老實地回溯往事。他們這個媒體口中極不搭調的組合，曾像一對愛侶般熱戀。不過，媒體報導倒說對了一件事：渥德鍾情於毒品無法自拔，跟瑪丹娜膩在一起的這段期間，他兩度自願進勒戒所戒毒，診療費是瑪丹娜出的。她不但鼓勵他戒毒，還盡其所能地驅策他追求演藝事業。的確，瑪丹娜曾在她「金髮雄心巡迴演唱」期間，對她和她同性戀舞群間的關係做過評論，這些話用來形容她和渥德的戀情也很貼切：「我選用的人，在情感上總有某方面的缺陷，而且需要我的呵護。」也許在潛意識裡，她因母親的死而殘害自己，所以老找有缺陷的情人相伴。

雖然此時的瑪丹娜成功、富有且引領世界風潮，但她的生命卻留有一個不小的缺口——一個值得愛的人。於是，她開始尋找眞愛，然而在追求的過程她坦承，「我不確定自己要找的是什麼樣的人。」所以她只能遊戲其中。她的模特兒玩伴男孩並非是唯一能上她床的人，早在一九九一年夏天以前，她同時也和香草冰幽會，甚至和好萊塢的萬人迷路克·培瑞也有短暫往來。當她在福音山莊拍攝【粉紅聯盟】的那個夏天，行事極有效率的她，便安排好讓東尼·渥德和香草冰都飛到拍片處與她作伴。她把時間調配得好好的，不會有王見王的情形。

她的操控行爲一直延續到她拍攝惡名昭彰的書——《性》（Sex）。這本書的蘊釀和粗創，幫助了大衆解讀瑪丹娜這個女強人、藝術家及小女人。此書是成立於一九九二年四月的馬維克娛樂公司(Maveric Entertainment)的發聲之作。這個多媒體企業滿足了瑪丹娜奮鬥多年的目標——全權掌控。經過她的經紀人弗瑞迪·德曼和她所屬的唱片公司時代華納協商了一年，瑪丹娜主導的馬維克誕生了，讓她可以涉足書籍、影片、影帶、行銷、唱片發行等諸多領域。甚至，馬維克這個名字也是她想出來的，反映她對舊禮教冷眼旁觀，永不妥協的自我期許。不過，那些資助她近六仟萬美元，穿黑西裝的頭頭們看重的是瑪丹娜的創意和商業頭腦。瑪丹娜總能匯聚一群很強的工作團隊，而她自己當然是發號施令的人。「華納可沒給錢夠讓我到伯格道夫去血拼，」在簽約後六個月，她說，「我得努力工作，做出成績。」

創作《性》這部書，對巨星瑪丹娜及整個企業體的存在，意義簡直再重要不過了。藝術層面上，這本書背後的概念，其實是在結合並延伸先前大為成功同時引人非議的作品，即影帶【愛的辯白】和記錄片【眞實或大膽】。從構思、設計、指導、書寫到市調全由瑪丹娜這位全球偶像、性愛女神及董事會主席一手包辦。這位女執行長醉心於編構一場融合自傳、幻想、圖文並茂的性愛之旅。在她狂熱的事業生涯裡，她已經成功地散播了一些爭議話題，像是青少年懷孕問題、褻瀆神明還有同志人權。現在，她的矛頭指向性愛的禁忌話題，打算和刻板固執的美國正面交鋒。

瑪丹娜這位性愛天后，除了要操控其他明星和會議室裡的經理人外，還得設法隔開她的男友們。九一年到九二年的冬天，由梅索掌鏡在紐約續拍這本書。幾週後，她邀香草冰到佛羅里達租來拍片的豪宅。邊線上，她的新保鑣，高佻、溫柔的吉米．艾爾布萊特靜靜地看著他們，試著想了解兩人的關係。瑪丹娜和她的饒舌歌手情人，在佛羅里達的陽光下搔首弄姿的同時，卻又向這個年輕人偷偷地擠眉弄眼，似乎正暗示著此人將很快從保鑣晉升到愛人，甚至，還有步上紅毯的希望。

MADONNA

真愛難覓

Looking for Love in All the Wrong Plac

第一次見面時根本沒什麼火花可言，當他第一次聽到她說的話是：「他媽的再有一個人出現在我化粧間裡，我就要殺人了。」他不知道這女人將來有一天會占據他的生命。她整晚發飆的那天是在一九九一年的紐約，也就是她的紀錄片【眞實或大膽】首映當天，而吉米．艾爾布萊特是一家保全公司在紐約分公司派去的保鑣。之後，吉米就沒能見到她了。一直到瑪丹娜在紐約和佛羅里達拍攝《性》期間，指定要吉米擔任她的私人保鑣，他們才又見面了。

當他們在紐約的基督教青年會（YMCA）拍片時，吉米首度發現瑪丹娜在注意他。吉米是個武術高手，古銅膚色、體格壯碩，他當時並沒有想太多，因爲她的身邊還有尼克．史考特（Nick Scott），他是一個英俊帥氣的義大利人，本來是個模特兒，後來轉行當歌手，是瑪丹娜極力培植的明日之星。到一九九二年二月，照片繼續在佛羅里達拍攝著，這段期間瑪丹娜飛到邁阿密，並住在楓丹白露飯店的豪華套房。這時，她再度表明要求吉米當她的私人保鑣，吉米的女朋友梅莉莎（Melissa）反對，但吉米還是答應了。他的房間就在她位於頂樓的套房隔壁，每天一大清早，他得陪伴瑪丹娜和她朋友英格麗．凱賽莉一同沿著海灘跑上六哩路。

一天晚上在送瑪丹娜回房休息時，她輕柔地摸著他的背，問他，「你想不想吻

我？」吉米結結巴巴地說，「想。」他們終於接吻了。然後瑪丹娜直率地對他說，「你知道，我不會和你上床的。」吉米很驚訝，而且氣還有點喘，他說自己也不會在第一次約會就上床的，「這可不是約會。」她簡單明瞭地回答。第二天早上，瑪丹娜汗流浹背地跑完步回來，在廚房裡抱住吉米，兩人一陣來電，吉米便成為她的籠中物了。雖然他們第一次接吻時瑪丹娜曾直率地回絕他，但沒過多久，不可避免的事還是發生了。他們在她豪華的頂樓套房享受浪漫的夜晚，陪伴他們的只有浪花拍岸的聲音和夜空下閃爍的星星。

然而對吉米來說，那個夜晚的意義不只是單純的浪漫事件那麼簡單，他感到提心吊膽又驚慌失措。他只是個從紐澤西州海賽克（Hackensack）來的年輕小伙子，卻誤入歧途，掉進這位性愛女神、億萬富婆的手中。「我可以感覺到自己在向下沉淪，」他悔恨不已地回憶道，「我明白我會讓我的女朋友很傷心，而且從現實的角度來看，我又能和瑪丹娜在一起多久？現在想想，我當時就好像是在和魔鬼打交道。」一個年輕的保鑣，和比他大十一歲的世界知名歌星之間產生了愛情。這個故事不只透露出瑪丹娜的個性特質，也形成了一個現代版的灰姑娘童話——一個出身卑微的年輕人，拜倒在流行樂天后的石榴裙下，並獲得予許進入她的皇宮。

然而瑪丹娜心裡想的是別的事。當吉米在心中掙扎著與她之間的感情問題時，她卻愛上了佛羅里達，他們在比斯開灣（Biscayne Bay）拍攝期間所住的那棟房子讓她非常喜歡。瑪丹娜對這個保鏢似乎並不只是玩玩而已，她向吉米提到等她買了那棟房子後，兩個人就可以一起搬回佛羅里達，共度一生。瑪丹娜帶吉米到她在西六十四街的公寓，她明知他女朋友正在紐澤西等他，卻硬要他留下來過夜。凌晨三點他的呼叫器響了，他們一點都不意外，是梅莉莎在找他，吉米就離開公寓了。接下來的一個月，這樣的劇情每天晚上都會上演，一直到吉米下定決心和梅莉莎分手。

他們很快進入火熱激情的狀態。儘管他也像香草冰或其他人一樣，嘲笑諷刺瑪丹娜在公寓衣櫥裡藏著鞭子和鐵鏈的傳言，但吉米知道她其實是一個正常的性伴侶。不管床上發生什麼事，吉米感覺得到自從他和交往很久的女朋友分手後，他們之間的愛情的動力就產生微妙的變化。他覺得瑪丹娜好像把拆散他和梅莉莎當做是一場遊戲。既然現在他已經遵照她的指示和女友分開了，就不太願意讓他過來同住。最後吉米在海賽克找到一間一房的公寓，瑪丹娜或許是想到貧民窟體驗一下生活吧，有一天傍晚她就過來找他，吉米還做了義大利麵給她吃。吉米經常開車從紐澤西出發，經過華盛頓橋到她住處與她會面，雖然他住的地方離瑪丹娜家不過幾哩路，但他感覺好像進入

另一個世界。他們每天晚上都到鎮外的壽司店吃飯，或當瑪丹娜在五十四街的錄音室錄製《情慾》專輯時，他們就在附近的餐廳吃飯。幾個月來吉米是瑪丹娜家固定的常客，她的助理人員也開始幫他買他想吃的食物，畢竟以他六呎二的魁梧體格實在吃不慣瑪丹娜清淡的減肥餐——米餅和果汁。雖然如此，但是他一方面是瑪丹娜的傭員，另一方面又是她的情人，這兩種關係所帶來的衝突遲早會發生。吉米很清楚這點，所以他索性辭去保鑣職務，另外在帕拉迪夜總會找到一份保全組長的工作。

結果證明他的決定是對的，吉米回憶道，「我們的關係變得愈來愈親密，好像剛開始一樣新鮮，我全心全意愛她，而我覺得她也是。」事實確是如此，當時瑪丹娜接受訪問時，曾神祕地暗示她在談戀愛，他們兩人一見鍾情，而且這段感情將會長長久久。雖然她沒有公開她的情人，卻和吉米天天用電話傳情。這三年來的每一天，她不是打電話給他，就是用暗號呼叫他，談的不外是當天發生的趣事，或是從助理那裡聽來的笑話，甚至是從笑話集裡搜集而來的笑話。對吉米來說，「那眞是我們的關係中最棒的部分，她非常幽默。」這三年的交往當中，瑪丹娜對他無微不至，「就像一個媽媽送小孩去上學一樣，」他說，「她很想對她的男人，以及她所關心的人展現母愛，很顯然是因爲她很早就喪母，讓她激發她的母性本能出來。」她是個充滿愛心的人，很會照顧別人。他並不是瑪丹娜唯一的「家人」，老是有很多人讓她想發揮母愛去幫忙解決問題；像是幫湯尼．渥德處理他的古柯鹼問題，或是幫她的朋友英格麗．凱賽莉解決毒癮，甚至她遇到的一些無家可歸的小孩，她都很關心。

然而瑪丹娜最密切關心的，是她很想要有自己的家庭。吉米和她剛開始交往時就知道她想要有自己的小孩，尤其是混血的小孩，正如他自己說的，「她特別喜歡我的膚色，她一向對混血兒特別迷戀，老實說這也是他看上我的一個原因。她的生物時鐘起了作用，具備不可思議的母性本能，我想在她眼裡小孩子可以讓她的人生更圓滿，可以讓她擁有她生命中最珍貴的東西——無私的愛。」然而不管她如何渴望，她的願望到四年之後才實現。

瑪丹娜的生活一向有規律、有計畫、一板一眼，吉米自從認識她以後，很少看到她悠閒自在，展現幽默感，有時還露出她脆弱的一面，所以他特別珍惜這些時刻。有一次他們一起去參觀塗鴨畫家凱斯．哈林（Keith Haring）在紐約畫廊舉辦的作品回顧展，哈林是瑪丹娜一九八〇年間在紐約認識的老朋友，他在一九九〇年死於愛滋病。這是第一次吉米看到她泣不成聲，這讓他很驚訝，因為瑪丹娜一向將自己的情緒控制得很好，而這次她回憶起在紐約時期認識的老朋友時，發現他們不是死於愛滋就是死

於吸毒，她難過地靠在吉米懷裡痛哭失聲。

當他們兩人前往底特律和她家人共度耶誕節時，她又再度展現她不爲人知的一面。和父親、繼母以及其他家人一起時，她就變成了一個中西部的鄉下乖女孩。她爸爸借給他們一輛破爛的休旅車四處去兜風，也借給他們一間空屋使用。她載著吉米滿街跑，就像媽媽載小孩去上學一樣。他們在那間空屋的充氣床上，睡在睡袋裡，兩人依偎在一起取暖。對瑪丹娜而言，這次回家的旅程讓她最快樂的時刻，就是坐在父親腿上的那一刻，好像回到小時候一樣，「在家裡，沒有人提到我是一個明星。」她告訴作家玲・赫胥伯格（Lynn Hirschberg），「剛開始我心裡想，爲什麼我沒有得到特別的待遇呢？但是即使我得睡在地板上，我這次回家讓我父親感到非常愉快。」吉米也承認，「那是我和她都很珍惜的一段時光。」

不只是歡樂的時光，就連瑪丹娜生命中最暗淡的時刻，吉米也都陪在她身旁，那就是社會大眾對她的書《性》的爭議，批評最烈的時期是在一九九二年秋季。這本書是在十月份由華納圖書公司（Warner Books）所出版的，書一上市就引起全球性的廣泛爭議，雖然這些爭議對銷售數字的影響並不大。「我太貪心了，我根本無法承受這些，眞希望我沒這麼做。」瑪丹娜有一天在極度沮喪的情況下向吉米坦承。那本書剛出來時，雖然大批瘋狂的影迷們擠進書店搶購，但也立即出現了反對聲浪；女性主義團體、自由主義者和基督教團體首度聯合起來行動，共同抵制這本書，他們批評這本書充斥著色情、強暴、墮落，完全只是作者個人利用來賺錢的工具。「我想，他們這樣對待我的原因，是他們無法相信一個普通的小女人可以有錢有勢，而又可以保持性感，並且對社會不屑一顧。」瑪丹娜辯駁道。

雖然瑪丹娜在媒體上肆無忌憚地發言，但私底下她卻憂心忡忡。這本書的出版對她個人的事業以及生活來說，都是一個分水嶺。她這次引起的公憤不能怪任何人，她知道自己該負全責，這一次她成爲衆矢之的，無路可逃，雖然她在書中曾加上這一段話：「書中所述一切都不是眞的，都是我虛構的。」仍無法讓她倖免於難。她收到數不清的攻擊信件——有時一天之內就收到兩百封，甚至還有憤怒的人或團體寫信恐嚇要殺她。回顧這段艱難的時期她說，「我將我的演藝事業分爲出書前和出書後。出書前我是個創造力旺盛的藝人，不斷努力嘗試我想做的事，而且希望我做的事也能爲其他人帶來啓發作用；但出書後，我對待人生的看法全然不同了，這本書是我的夢想，我從中賺到一大筆錢，但那對社會大衆來說是一大禁忌，我的經歷是無法被認可的，群衆無法接受被一個強而有力的女人控制，因此他們驚慌失措。」

當時，她還有其他的壓力。首先她必須完成《情慾》專輯，結果這張專輯受到出書事件的影響銷售大不如前。書出版之後，她主演的兩部電影——【肉體證據】（Body of Evidence）和【銀色機密】，由於正值遭受批評的巔峰，不管是票房或是影評都蒙受其害，所以一九九三年可以說是瑪丹娜備受考驗的一年。但是她至少可以安慰自己，畢竟《性》這本書全世界賣出一百五十萬本，對於初出茅廬的馬維克公司來說，也算是打了一場勝仗。

其實瑪丹娜擔心的除了負面的報導外，還有其他的事，這點吉米當時並不知道。當吉米安慰她時，她並沒有告訴他另外一個參與該書的人物——香草冰的反應，他發現瑪丹娜沒有事先徵求他的同意，就把他的照片也放入書中，絲毫不考慮是否會毀了他的演藝生涯，此舉讓他非常憤慨。香草冰已成功戒除毒癮，成爲一個重生的天主教徒。他公開地將瑪丹娜寄給他的親筆簽名書燒掉，「我很氣憤她把我放進這麼一本荒淫的書中，我和她絕交了。她打電話來時，我告訴她這本書矮化我，讓我很丟臉，別人都把她當成大爛貨，媒體也把我說得很難聽。」另外同樣讓他難過的是，這本書也讓他心目中的女神瑪丹娜自貶身價，自甘墮落。「我了解她，」他傷心地說，「她在書中所描述的根本都是假的，她不是那種下賤的女人，她可能是爲了錢才這麼做的。」

香草冰和瑪丹娜已分道揚鑣、互不往來，吉米也開始見識到她不可理喻的一面。雖然他們兩人都有共識想生小孩，但一直無法順利進行，其中最大的障礙是婚前協議書。瑪丹娜堅持要雙方先簽定婚前協議書，但吉米反對，因爲他不會永遠靠她養。而且他也反對她提議請保母照顧小孩，他覺得如果生小孩就該自己照顧。在此同時，外界盛傳瑪丹娜得了愛滋病，媒體繪聲繪影地報導。這件事也讓吉米感到不安，他早就知道她以前曾有過很多性伴侶，所以即使瑪丹娜那麼渴望懷孕，他還是堅持安全的性行爲，一直到一九九二年夏天，健康檢查報告出來時，他的疑慮才消失。

他們兩人之間的差異使根本的問題浮上檯面，他們在一起雖已數個月了，但他們兩人之間單向溝通關係常令吉米深深感到挫折。吉米的世界完全以瑪丹娜爲中心，作息按照「瑪丹娜時間」，他必須遵守她嚴格的生活規則，和緊湊的時間表，很少有時間能享受正常的關係。她習慣一切都在她的掌控之下，才能讓她安心，維持她脆弱不堪的自我。自一九九二年秋天以來，隨著《性》的出書所引起的公憤，以及接下來的驚悚片【肉體證據】所帶來的批判攻擊，吉米認爲瑪丹娜既沒有時間，也沒有心情再去想懷孕的事了。

同時吉米對於瑪丹娜複雜的男女關係也愈來愈心煩。不管他們兩人走到哪裡，英

格麗這位身材纖細的黑髮女子總會一路跟隨。她父親是古巴的百萬富豪，一九九一年在紐約認識瑪丹娜。她就像瑪丹娜的影子，跟著她和吉米到佛羅里達，到德國、法國，還有洛杉磯，不管去哪裡，她都像隻小綿羊似地黏著瑪丹娜四處跑。在她之前還有珊卓・伯納德也像這樣一直黏著瑪丹娜。然而對吉米來說，英格麗可不只是個影子，更是個電燈泡。吉米懷疑瑪丹娜和英格麗・凱賽莉有曖昧關係，一開始瑪丹娜對這個指控一笑置之，後來終於證實她們的關係不尋常。

另外還有一個人——約翰・恩諾斯（John Enos），也是破壞他們之間和諧關係的罪魁禍首，他是洛杉磯一家洛斯百利夜總會（Roxbury Club）的老闆。自從恩諾斯前往瑪丹娜位於邁阿密的新家拜訪後，吉米發現了一張上面是恩諾斯名字的百事達卡。他質問瑪丹娜和恩諾斯的關係，一開始她矢口否認，後來她承認和恩諾斯還有來往，並請求吉米的原諒，保證不會再對他不忠了。後來他們又維持一段時間的甜蜜關係，但是幾個月後，他漸漸發現瑪丹娜偷偷跟很多人來往，從演員到運動員，還有超級名模，他愈來愈不信任她了。當吉米談論他和瑪丹娜的交往時說，「她根本不能忠於任何一個男人，她自己也這麼告訴我，她只忠於她自己。」

事實上，瑪丹娜好像只會要求別人對她忠實，她自己從不覺得有義務對別人忠實。吉米愈來愈覺得瑪丹娜之所以不讓他的名字曝光，是不想讓她其他的男友們知道。每當他和瑪丹娜漸行漸遠時，她就會回頭找他。她很沒安全感，占有慾又強，所以她常會到他上班的洛斯百利夜總會去突擊檢查，看他有沒有在和漂亮的小姐搭訕。另外她會一大早打電話到他住的公寓，查看他是否睡在自己的家裡。「她變得極度沒有安全感，」他說，「她老是說，我看到你在瞄她，你幹嘛瞄她？她不斷質問我對她不忠，我對她說她完全是神經過敏。」她不斷地在他的電話裡留言，語氣時而幽默，時而暴躁，有時甜言蜜語，有時冷言冷語。有時她威脅說如果他再不回電，就要跳樓；有時她坦誠她自己實在行爲不檢，不能怪他不信任她，她保證以後會改過。她不停地向他表明她愛他，並希望有他的小孩。

他們之間的緊張關係眞正到了攤牌的階段是在一九九三年，她舉辦「脫衣秀巡迴演唱會」（The Girlie Show Tour）那一段時間，那是一場世界巡迴的精采歌舞表演，門票銷售一空。一開始兩人關係還不錯，每天都通電話或寫信。有一天，瑪丹飛到紐約來治療喉嚨，他們就約在城裡一家餐廳一起吃晚餐，在電話裡她明言她要生小孩，她做事一向有計畫，她希望吉米十二月到日本，那時演唱會就結束了，他們若在日本會合，她就可以懷孕了，然後她會暫時遠離工作，準備生小孩。但是有兩個問題，第一

是吉米的姐姐懷孕了，她大約在十二月生產，到時吉米得去陪伴她。當他跟瑪丹娜說明這點時，瑪丹娜很生氣，氣他對他家人比對她還要好。第二個問題是，吉米發現瑪丹娜在他們碰面之前，先去逛街買了一套男裝，那套衣服不是他的尺寸。吉米因這件事和她大吵，最後沮喪地走出餐廳了，留下瑪丹娜自己去買單。幾天後，瑪丹娜回歐洲準備下一場演唱會時，他發現那套衣服原來是買給恩諾斯的。

他們繼續吵架，只是得隔空吵架，吵到最後，吉米開始不接她的電話了，即使她曾在一小時內連打了三十通，他都不接。十月，她到了南美洲阿根廷的布宜諾斯艾利斯，繼續她的世界巡迴表演，但因爲吉米一直不肯接她的電話，讓她心情低落，完全沒有上場演出的心情。她的公關祕書麗茲心急如焚，只好打電話給吉米拜託他跟瑪丹娜講幾句話，但他還是不答應。眼看著開場時間快到了，她的經理德曼親自打給吉米，以男人對男人的方式聊了一下，他終於答應和瑪丹娜說話了。她哭得稀里嘩啦，情緒激動，但是和吉米說完話後，她就鎮定下來了，並成功地演完當晚的節目。

第二天，他們談了很久，吉米告訴她他們的關係到此結束，他不想再見她了，因爲他已厭倦一再心碎。雖然如此，他們還是想再試試看能否補救，又斷斷續續維持了幾個星期。但當他在電話中告訴瑪丹娜，說他和酒吧裡的一個女孩子有一夜情後，他們的關係再也無法補救了。瑪丹娜聽到這件事後非常生氣，怒不可遏地指責他膽敢背叛她，這回換成瑪丹娜掛他電話了。「我對瑪丹娜的反應感到不可思議，我不知已經原諒過她幾百次了，不管她和什麼人上床，男人也好，女人也好，什麼東西都好，而我只不過和個女人在一起，我敢做敢當。」吉米憤怒地說。

雖然瑪丹娜漸漸對他冷淡了，他們的遠距離戀情還是牽扯不斷。吉米的姪兒在十二月六日出生了，而瑪丹娜一點表示也沒有。她的巡迴演唱要到耶誕節以前才結束，所以吉米提議他們到遠東會合，但這次換瑪丹娜猶豫不定，找理由推託，她對吉米的態度已經一百八十度大轉變了。吉米回憶說，「那時她一定在和別人交往。」回到美國後，她根本不願意再見他一面，但他堅定地告訴她，如果他們要結束這段長達三年的關係，應該要當面好好地道別。他們在新的一年的開頭見面，並相約在邁阿密的一個無人海灘邊走邊聊，晚上他們就到她在比斯開灣的房子裡度過最後一夜。第二天早上，他準備要離開了，臨別之前兩人緊緊擁抱對方且淌下了淚，最後吉米永遠離開瑪丹娜的生活了。

半年後，有一天瑪丹娜在紐約中央公園跑步時，和一位慢跑者擦身而過，她大吃一驚，因爲她覺得這個人好像吉米，不然就是他的兄弟，不管是身高、膚色、或健壯

的體格都和吉米一模一樣。她對這個人非常感興趣，一回到她的住處，她就要她的助理人員丹尼・寇提斯去調查那個人到底是誰。那個人叫卡洛思・里昂（Carlos Leon），在曼哈頓的一家健身中心當教練。瑪丹娜對他極有興趣，她很高興發現他和吉米除了外表之外，還有更多的相似點：個性方面都很沉靜、有點害羞，但非常獨立、頭腦聰明靈活，也可以說老於世故、很有道德感、品性高尚。

自從瑪丹娜和吉米分手後，她的感情生活就一團亂，現在認識了內向敏感的里昂，就完全不一樣了。里昂處處表現出紳士風度，體貼、熱情，還時時爲她著想。他們兩個享受著平靜單純的生活。他們總是很低調地走到林肯中心附近的電影院看電影，或在路上買個冰淇淋，或到阿姆斯特丹大道逛街採購……。當然了，英格麗・凱賽莉一定也在場。雖然里昂本身也渴望走進演藝圈，但現在忽然變成名人，讓他很難適應，尤其是被狗仔隊跟蹤更是難以忍受。有一次他忍不住對守候在外的一群狗仔隊比出中指，結果遭到瑪丹娜強烈的指責，因爲她對好鬧事的西恩・潘記憶猶新。另外，里昂和她的明星朋友們在一起總是感到不太自在，所以每當他們一起參加星光閃閃的宴會，或出席公開場合時，瑪丹娜對她這個生命中的新男人都會特別照顧。

瑪丹娜似乎已經轉變了，尤其是一九九五年八月，她在三十七歲慶生會上說，她和里昂計劃要共組家庭了，只是要等【阿根廷別為我哭泣】拍完。但是吉米．艾爾布萊特可不這麼認為，當瑪丹娜在匈牙利拍片時，她曾從片場打電話給他，說他在她心中永遠占有一席之地，很感謝他對她付出的一切，接著她就開始抱怨里昂，說他太幼稚，是個肌肉發達、頭腦簡單的拉丁男人，還說他們之間的關係已岌岌可危。當他們講完電話後，吉米很確定她想要和他復合。兩個星期後，也就是一九九六年四月十三日，消息傳出瑪丹娜懷孕了，「我很驚訝，她一定也很驚訝，」吉米說，「如果她事先知道自己懷孕了，就不會打電話給我了。」六個月後，十月十四日，三十八歲的瑪丹娜在洛杉磯的一家醫院生下一個六磅多重的小女嬰。她為孩子取名為羅狄絲．瑪利亞．西柯尼、里昂，但大家都叫她羅拉。吉米第一次去看她的時候，這個捲頭髮的女兒已經會走路也會講話了，「眼睛很漂亮，很精明，就像她媽媽一樣。」吉米看到羅拉時這麼說。

瑪丹娜的變化非常大，現在她是個流露安詳神態的女人了。她開始接觸到自我眞實的內在，因為她窮一生之力要找的東西終於找到了——那就是眞實、無私的愛。

MADONNA

鏡頭下的自我

Me, Myself and I

如果傳眞可以殺人，那麼亞伯．佛瑞拉已經被殺死了。當手寫傳眞紙一張一張地從他的傳眞機吐出來時，他隨手拿起一張來讀，「你他媽的，你毀了我的人生，你這個混球，」接著他笑了起來，並拿那些紙給他太太南茜看，然後拿出紙筆回信給瑪丹娜。他是瑞佛拉最新一部電影——【銀色機密】（Dangerous Game）的合作演員以及製作人。「看到這部電影他快氣瘋了，歇斯底里，又叫又哭的，」南茜．佛瑞拉回憶道，南茜在片中也出現過。「那些傳眞信寫得眞的很惡劣，都是像『你這混球，你毀了我的人生』之類的句子，完全就是瑪丹娜的口氣。」

馬維克公司的老闆第一次遇到對手了，她遇到眞正難纏的傢伙，這次的合作對她來說，都只是痛苦的回憶。她過去還滿欣賞佛瑞拉的，曾說他是個「非主流的天才」，他拍過一些充滿野性、又難以消化的片子，如【電鑽殺人狂】（The Driller Killer）和【異形基地】（Body Snatchers: The Invasion Continues），這兩部片子一直都是影評人和藝術電影愛好者所津津樂道的。佛瑞拉不是主流導演，他被評爲「具有天份且非常獨立」，但也被批評爲「頹廢」、「語無倫次的醉鬼」，瑪丹娜和他合作實在是個大膽的嘗試。

佛瑞拉最新的電影腳本，深受瑪丹娜青睞，因此她決定斥資一千萬美元和他合資

成立新的電影公司。瑪丹娜一直抱怨她只是導演手中的一隻畫筆，全看導演想畫什麼就畫什麼，完全沒有自己的意志。所以她這次希望能在自己出資的影片上，能掌控導演和影片風格。當然這部片的原始腳本是爲她量身訂作的，和她合作的兩位男演員是她熟識且景仰的哈維・凱特爾和她前夫的好友詹姆斯・羅素。她在劇中飾演一名叫莎拉・潔妮絲的女演員，是個戰勝邪惡男人的堅強女人。「這是一部很棒的女性主義電影，她最後終於獲得勝利。」這是瑪丹娜對腳本的敘述。這部劇本寫得很高明，是一部有關「拍電影」的故事，每個演員都有戲裡和戲外兩個角色。劇情是以一個導演（由哈維・凱特爾飾演）爲中心，他在拍攝一部有關婚姻破裂的電影，而他自己的婚姻也瀕臨破裂。瑪丹娜在「戲中戲」裡扮演一個女演員和老闆的情婦，戲外則是一個哭哭啼啼的受虐婦女。

這部片子最後定名爲【銀色機密】。她在合作過程中和死硬頑強的凱特爾和佛瑞拉爭鬥不已。這部電影的製作過程和最後呈現出來的樣子，都和瑪丹娜當初的想法差了十萬八千里。不只如此，這部電影還呈現了她的眞實面，它變成了一部瑪丹娜的自傳。「這部電影描述了我們整個製作過程，同時也是一部關於她本身的片子，因爲我強迫她去面對她人生中的許多問題。」佛瑞拉坦承。「所以我才會選詹姆斯・羅素演她丈夫，因爲他是西恩．潘最好的朋友，但沒有人知道我的用意。」當然瑪丹娜也不知道了。

佛瑞拉這部電影，應該是一個虛構的故事，卻將瑪丹娜精心設計的面具拆下來，導演打開她乾涸的演技，讓眞實的表現自然流露。在一九九二年開拍的前幾個星期，一向敬業的瑪丹娜事先仔細研究她的角色，她去拜訪受虐婦女的家庭，還去參觀很多教堂。正式開拍時，瑪丹娜才發覺一切都不對了。一開始，佛瑞拉把劇本都丟到一邊，要他們即興演出，鼓勵他們不只要呈現飾演的角色，還要呈現他們自己。他們花了很長的時間討論，而討論過程都被拍攝下來，連他們被搞得快崩潰的過程也都拍下來了。「我是說，我現在不要被他媽的攝影師拍攝，你懂不懂？」影片中有一幕出現倍受折磨的瑪丹娜這麼說。整部電影呈現出來的是未經雕琢的畫面，充斥著堅持己見、互不相讓的黑暗面，根本不像是在拍電影，倒像是個團體治療活動。

片場每天都會上演瑪丹娜和佛瑞拉的權力爭霸戰，在一次的爭吵當中，「她想要爬到我頭上，門都沒有，」佛瑞拉說，「我對抗過最惡劣的製作人，以及最兇悍的男演員，沒人能爬到我頭上來，否則以後在片場我要怎麼發號司令。但是她一直想要掌權，雖然我一再告誡自己不可對她動粗，但一時火氣上來我就打了她。她把這件事弄

得好像我差一點殺了她，我只是推她一下而已。」對瑪丹娜來說，整個拍片過程不僅讓她身心受創，也讓她氣憤不已，因爲佛瑞拉的拍片方式是隨興、懶散的，而凡事要求井然有序的瑪丹娜實在難以忍受。

然而這部片子不僅探討瑪丹娜劇中角色的個性，也探索了瑪丹娜本人的個性。在片中的一段插曲裡，她和凱特爾談到她早年在紐約被強暴的眞實經歷。另外，她螢幕上的丈夫羅素，是個酗酒暴力的男人，情緒常失控，有一場戲他還粗暴地剪下太太的頭髮，甚至最後殺了她。這些情節不由得讓人想到了她和西恩・潘之間發生的眞實故事。當瑪丹娜看到剪接出來的影片時，情緒非常激動，她不單單是以傳眞辱罵佛瑞拉而已，還在電話中發洩滿腔怒氣。她在接受訪問時說，「我在戲裡對凱特爾和羅素他們飾演的角色說過，「給我滾開！」但他把這句精采的話消掉了，把我變成啞巴。當我看到剪接過的影片，我氣哭了，我好像被人打了一拳，如果我早知道我在拍的是這樣一部戲，我決不會拍的。我眞是被他害慘了。」

【銀色機密】上映了，九二年十月才因《性》的出版而落得聲名狼藉，九三年一月，在【肉體證據】內的表現也遭到嘲笑奚落，而現在，瑪丹娜又將因這部自己合製的影片面臨排山倒海的批評。就算她不承認這是她產下的商業寶寶，也無法挽回她的名聲，或增加這部片的票房——它的票房是六萬美元，成爲當年最失敗的電影。她爲了這部片冒險暴露自己的身心，結果卻成了影評及觀衆批評討論的對象。

不只電影，她的唱片成績也已不再光芒奪目了，她的第三張單曲〈壞女孩〉（Bad Girl）在排行榜上列名第三十六，是她有史以來的最低紀錄，就連她在唱片界的朋友也開始擔心了。例如塞爾唱片公司（Sire Records）的麥可・羅森布拉特（Michael Rosenblatt）很曖昧地說，「這並非她創作的高峰。」更慘的是，迪斯可女王唐娜・莎曼（Donna Summer）拒絕提供歌曲給瑪丹娜收錄在她的精選集裡，她說再也不將她歌曲的版權給瑪丹娜。瑪丹娜的心情更是跌入谷底了。

正當她在療傷止痛時，文化界和知識份子紛紛公開抵制她，在雷根政府的保守時期，瑪丹娜擁有的支持者主要爲年輕女子、同性戀和黑人。自柏林圍牆倒塌後，隨即而來的是冷戰結束，和民主黨進駐白宮，世界已經改變了，瑪丹娜的時代也似乎結束了。從她的《性》，到《情慾》專輯，以及現在的【銀色機密】等作品的陸續出現，將她的地位從主流轉到了邊緣。之前搖旗吶喊的知識份子將她放逐在文化的模糊地帶，這表示她在校園內所塑造出的現代流行文化，或後現代的偶像形象，都已不復存在。

即使她對未來已有計畫，然而在她自信的外表下，隱藏著對人的不信任。不過儘

管她承認她對外界說她演藝生涯完蛋了感到「很受傷」，但她在接受訪問時依然保持幽默感。幽默感加上她的上進心，可以幫助她對抗失敗的恐懼，及自我的懷疑。「我有堅強的意志，我的意志全用來克服失敗的恐懼，」她說。她從不想站在原地，她會自我鼓舞，拍拍身上的灰塵，然後繼續上路。她很清楚外界等著看她的好戲，瑪丹娜積極努力地投入一場聲勢浩大的歌舞表演——「脫衣秀巡迴演唱會」。當金・凱利（Gene Kelly）到洛杉磯來看她排演時，她感到欣喜若狂，他覺得瑪丹娜和瑪琳・黛德麗的風格有幾分神似，這讓瑪丹娜樂不可支。但媒體可不是這麼想的，一個小報的頭條尖酸刻薄地寫著，「金・凱利能挽救得了瑪丹娜的演藝事業嗎？」

外界惡毒批評的聲浪讓瑪丹娜的自信逐漸減弱，自從一連串的失敗後，她每天不眠不休地準備巡迴表演，因爲她認爲這將決定她未來演藝事業的存亡。瑪丹娜清晨即起，做三小時的健身運動讓自己保持最佳狀況，然後前往洛杉磯的錄音室和舞群練舞，凡事要求完美的她，常常一天工作十七個小時。脫衣舞秀不但全球票房創佳績，而且風格獨特、氣勢非凡，可以算是打了勝仗。瑪丹娜以精心設計的喜劇角色出現在舞台上，舞台結合了夜總會形式和齊格飛歌舞團的詭異風格，呈現高級妓院的撩人氣息。當她在波多黎各表演時，以性感的方式把國旗放在腿中摩擦，引起軒然大波；當

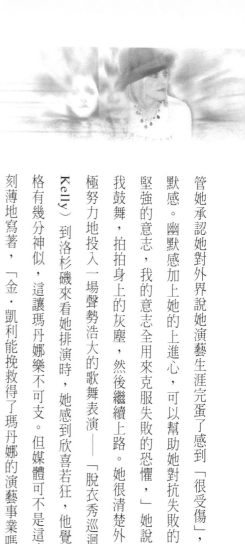

她到了以色列時，遭到正統猶太教抗議其內容色情而被迫取消演出；在阿根廷表演時，她唱了【艾微塔】歌劇裡的〈阿根廷別爲我哭泣〉的一小段，讓好萊塢製作人對於尚未定案的電影女主角人選有了點子。

她光榮地返回她的祖國，明顯地已消滅了外界的批評，她最新發行的專輯〈床邊故事〉（Bedtime Stories）受到高度肯定，其中一首單曲——〈鞠躬〉（Take a Bow）讓她重登上排行榜冠軍寶座，這似乎證明了她的演藝生涯又開始了。但是，她還是感到不滿足、不快樂，「她不擅長享受成功的喜悅，她太剛強了。」她的公關祕書兼發言人莉姿．蘿珊寶這麼說。正當她的巡迴表演、唱片，和錄影帶都獲得重視之時，這位眾所矚目的歌星卻對她無法攀登演藝事業的另一座高山而耿耿於懷，那就是她最在乎的電影。正如她自己所說的，「我一直將自己定位爲演員。」她的馬維克集團在一九九二年出現的一線曙光，讓她有機會能在電影的世界裡呼風喚雨，然而在連續兩部片子——【銀色機密】和【白宮總動員】（Canadian Bacon）慘遭滑鐵盧之後，她的贊助商時代華納（Time-Warner）公司毅然決定將集團的電影部門關閉。她已不再是電影製作人了，在好萊塢那些現實的製作人眼中，瑪丹娜是個成功的歌手但也是票房毒藥。

就在她的電影事業慘不忍睹時，她亂七八糟的感情生活也成了媒體取笑的對象。

讓瑪丹娜成爲全國笑柄的，主要是她和身材瘦長、怪里怪氣的羅德曼（Dennis Rodman）在一起狂歡兩個月的經過。羅德曼蓄淡金色的頭髮，塗粉紅色的指甲，身上不但穿了很多洞，還有刺青。她和羅德曼是在一個宴會上相識的，他們互相留下電話，後來他們用傳眞通信，內容盡是猥褻不堪的言詞。他們開始在一起時，瑪丹娜向他表明要他離開他的女友，當她小孩的父親。她當時想生小孩想瘋了，「我時時刻刻都想要生小孩，」瑪丹娜承認道。但當羅德曼出版自傳，裡面鉅細靡遺地描述了他和瑪丹娜的性生活時，她才排除將這個怪胎當作她小孩父親的可能。「她並不像特技演員那麼高竿，但她也不像死魚般動也不動。」他熱心地告訴《花花公子》雜誌。

一九九四年三月三十一日，就在瑪丹娜和吉米分手幾個禮拜後，她參加了一個大衛．拉特曼主持的談話性節目「午夜漫談」（The Late Show with David Letterman），讓她至今聲名狼藉，也讓媒體窺知瑪丹娜混亂不安的生活。令人驚訝且難過的不是她在節目中說了「幹」有三十次之多，也不是她一直把話題轉到她的性事上，而是這位才華洋溢、成就不凡的年輕女子，依然可悲地企求成爲衆人注目的焦點。她的行爲指出了她生命中的虛無，努力追逐的成功和財富並沒有帶給她喜悅。「爲了進入名人的世界，她可以把什麼事都拋在腦後。」一位與她熟稔的時代華納主管接受採訪時說，

「這個慾望像是無底洞，她就好像染上毒癮似的。」

瑪丹娜一心嚮往演員之路，未能如願獲選爲【賭城風雲】的女主角讓她耿耿於懷，所以她決定放手一搏——極力爭取【艾薇塔】電影版的女主角。她第一次和一九七八年的舞台劇【艾薇塔】的共同創作者提姆・瑞斯爵士見面，是在洛杉磯的一個慶祝餐會上，所以能獲得這位舞台劇大師賞識的機會不大。這部電影的計畫正處在艱難的孕育階段，在好萊塢很多錄音室製作，搜羅了許多可能的合作對象，包括導演奧利佛・史東（Oliver Stone）、肯・羅素（Ken Russell）以及葛倫・戈登・卡倫（Glenn Gordon Caron），女主角則有葛林・克羅絲（Glenn Close）、梅莉・史翠普和蜜雪兒・菲佛。曾被一位頗具影響力的影評人羅傑・艾伯（Roger Ebert）評爲「註定讓影片失敗的演員」的瑪丹娜，不管心裡多麼想要這個角色，在這麼多一流女明星角逐的情況下，能雀屏中選的機會微乎其微。

到了一九九四年耶誕節，終於公布導演人選：艾倫・派克（Alan Parker）。他有名的作品包括：【名聲】（Fame）、【追夢者】（The Commitments）以及【龍蛇小霸王】（Bugsy Malone）等。【艾薇塔】這部音樂片是關於伊娃・裴隆（Eva Peron）一生的故事，她的暱稱就叫艾薇塔，她是阿根廷總統約翰・裴隆（John Peron）的太太。瑪丹娜

知道導演人選後，立刻和派克聯絡，寄給他長達四頁的自我推薦函，強調自己非常適合這個角色，另外還附上一片她最新的音樂錄影帶【鞠躬】（Take a Bow）。

瑞斯很快就發現這部片子對這位歌星的重要性了，他說，「如果她失敗了，那她永遠不可能還有演戲的機會。」所以他就替瑪丹娜爭取這個角色，但這是一場難纏的爭奪戰，瑞斯的合夥人韋伯說什麼都不肯答應。至於影片的導演和製作人，他們一致選擇蜜雪兒・菲佛。儘管瑪丹娜曾向派克極力說明只有她才能了解艾薇塔的「熱情和痛苦」，但她在螢幕上的表現可不讓人這麼認爲。總之，她在電影界已經被宣判死刑了。「他對瑪丹娜很排斥，」瑞斯談到派克時這麼說。派克是個腳踏實地的道地倫敦人，瑪丹娜在信上向他透露幾年前算命師就告訴她有一天將會在螢幕上扮演艾薇塔，當他讀到這種荒謬的事時，可能會感到莫名其妙吧。

事實上，在那個重要的時刻，眞正支持瑪丹娜的一個神奇力量是瑞斯，儘管瑪丹娜的失敗是衆所皆知的，但瑞斯還是認爲她適合這個角色。後來蜜雪兒・菲佛剛好懷孕了，沒辦法遠赴阿根廷、英國和匈牙利等地拍攝，情勢隨之逆轉。瑪丹娜心知肚明自己是因爲菲佛棄權而得到這個機會的，「我知道我一進去將被大家品頭論足，」她說，「這個角色並不是好當的，你可以感覺到大家正虎視眈眈地等著看你出錯。」

她用全心付出的態度投入工作。在正式拍攝前的幾個月內，她將自己完全置入伊娃．裴隆的生命中。她觀看相關的新聞影片、閱讀有關她的傳記、學習跳探戈，她在更早幾個月前就開始請一流的歌唱老師瓊安．雷得（Joan Lader）指導她的發音方法。瑪丹娜完全將自己變成了前阿根廷第一夫人，她告訴派克她必須前往布宜諾斯艾利斯去找尋伊娃．裴隆的神話。她雇用了一個阿根廷記者介紹她認識年邁的裴隆主義者，和一些曾經認識艾薇塔的人。她期望她到阿根廷會受到熱烈歡迎，結果並非如此。當她從機場開車出來時，她在路邊牆壁上看到一些塗鴨，寫著：「艾薇塔永遠活著，瑪丹娜滾開，」在她下榻的飯店外面還有抗議者焚燒她的肖像。在這個大男人主義當道，且民風保守的天主教國家裡，人們覺得由這個我行我素的性感歌手來扮演他們崇高的國家英雄，簡直是件褻瀆的事。總統卡洛斯．曼儂（Carlos Menem）是個忠貞的裴隆主義黨員，他甚至在電視上公開發表演說，反對由瑪丹娜這位「低俗的象徵」扮演伊娃．裴隆，這樣會玷汙了她。

瑪丹娜對這一切毫不畏懼，繼續進行了解伊娃．裴隆的任務，同時她還充當這部電影的大使，她的其中一個目標是要說服政府官員出借公共建築讓電影公司拍攝，特

別是布宜諾斯艾利斯有名的玫瑰宮（Casa Rosada），因爲那個地方是伊娃・裴隆發表感人演說的地方。在這個事件的處理上，電影製片、導演派克、英國大使館官員和其他人等，跟曼儂以及政府官員們開了好多次會議，他們討論的不是政府是否允許電影拍攝進行，而是要多少錢才能允許他們拍攝。事實上好色的曼儂已經下位，而且面臨很多貪污的指控。不再意氣風發的曼儂，娶了前環球小姐爲妻，他後來說，「瑪丹娜其實不像傳聞中那麼性感，她對我一點吸引力也都沒有。」

瑪丹娜和總統的關係最多只能說是曇花一現，而她和伊娃・裴隆的心靈關係則是愈來愈強烈了，因爲她開始住進了伊娃・裴隆的世界，也進入她的性格。但很諷刺地，她在電影裡成功地模仿了艾薇塔的外表舉止，但她卻無法捕捉艾薇塔和她自己相似的性格部分。她們之間確實有相似之處，例如：剛開始兩人都是歌星，都是堅強卓越的女人，但瑪丹娜在影片裡並沒有將這些特點有力地呈現出來。在她爲雜誌社寫的日誌〈浮華世界〉（Vanity Fair）裡出現這一段話，「每當我在談到艾薇塔和她的生命時，總是會把她當作我自己而替她辯護。」

眞相並不像瑪丹娜想像的那麼浪漫。瑪丹娜的父親是位工程師，她從小生長在美國中西部的白人區，屬於中產階級的家庭。而艾薇塔就不一樣了，她是一個奴隸的私生女，從小生長在貧困的阿根廷鄉下。她在青少年時期迫於生計到布宜諾斯艾利斯找工作，她當過妓女，也當過錄音員，後來才嫁給聲望如日中天的政治家約翰·裴隆，他於一九四六年當選阿根廷總統。但兩人的結合並非爲了愛情，而是互相利用。他們以金童玉女的形象出現在國際舞台上，這有助於強化裴隆的魅力，使他如願獲得權力。艾薇塔敏銳的政治直覺，讓她成功地獲得群衆的支持，尤其是窮人，但另一方面，她卻洗劫國家財庫，過著窮奢極侈的生活。後來她被診斷得了末期卵巢癌，死於一九五二年，得年三十三歲，她和裴隆在瑞士銀行裡積存的幾百萬美元也救不回她的命。後來裴隆漸漸失去政權，且遭到譴責，他們住的房子也被破壞了。不過十年後出現了支持艾薇塔的群衆，他們推崇她的慈善工作，她對窮人的同情，以及她迷人的風采，最後還將她提升到國家聖人的地位。由瑞斯和韋伯所研究編寫的音樂劇，確實描繪出艾薇塔積極往上爬的不擇手段，她吸引群衆的矛盾心理，以及動機不純正的婚姻關係，但沒有減損她令人懾服的魅力。畢竟「艾薇塔」並不是一部紀錄片，它只是齣音樂舞台劇。

其他主要演員對角色的詮釋方式都嚴守歌劇的敘述，而瑪丹娜只能從自己內心的反射去了解艾薇塔，她批評這個劇本帶有沙文主義，因爲它將主角描繪成利用身體往

上爬的女人。「很明顯的，也很容易看得出來，人家叫她妓女，而且暗示她沒有道德，做人不正直，而且沒有天份。」她以更善良、更人性、更脆弱的方式去對人施壓、遊說，讓她可以去扮演這個角色。或者更清楚地說，是扮演她自己。但眞正讓瑪丹娜引發爭端的是瑞斯爲電影所寫的主題曲〈你必須愛我〉（You Must Love me）這首歌的歌詞。韋伯知道只有新歌才有機會得到奧斯卡獎，所以他和派克鼓勵瑞斯寫這首歌，然而瑞斯已經得過兩座奧斯卡獎，所以不像韋伯那麼著急。當瑪丹娜看到〈你必須愛我〉的歌詞時，心理感到快快不快，她覺得作者對艾薇塔這個角色沒有足夠的同情心，更無法感受他們之間的浪漫愛情。因此她自己把歌詞改寫後交給派克，派克再傳眞給瑞斯，瑞斯看了可不高興，回傳了一封尖銳的信給瑪丹娜，抱怨她的歌詞「陳腔爛調、糟糕透頂」，將他的作品變成了「哭哭啼啼的情歌」，瑪丹娜這下子才打了退堂鼓。幸好是這樣，因爲這首歌讓瑞斯得到了他的第三座奧斯卡金像獎，也是【阿根廷別爲我哭泣】這部電影唯一入圍的獎項。如果當初瑪丹娜一意孤行硬要把歌詞改掉，那麼現在是否會得獎就不得而知了。

瑪丹娜之所以這麼費心要改變艾薇塔的形象，眞正的原因（這也是另一個諷刺）就是，她們兩個女人在本質上有許多共通點：強烈的野心，和渴望群衆的擁抱。雖然瑪丹娜不了解這些共通點，但評論家卻很了解。例如有位英國影評人亞歷山大·渥克（Alexander Walker）就對這位歌星提出很精闢的見解，「她只有在電影上無法擁有大批影迷包圍，這種群眾崇拜的渴望，正是驅策伊娃·裴隆的力量，也是這部片子對瑪丹娜的意義，所以她不久前這麼說過，「【阿根廷別爲我哭泣】是我第一次拍過足以滿足我的大片子。」她的虛榮心很強，但她說得沒錯。」

最後還有一個諷刺，這兩個女人如此熱切渴望群衆的愛，雖然她們確實也都得到了，但艾薇塔終其一生都無法找到一個眞正愛她的人，而瑪丹娜當時也是如此。說得精確一點，在瑪丹娜拍片時，她的私生活還是不盡理想，甚至在拍片中她發現自己懷孕後，她的反應除了喜悅外，還有罪惡感，因爲她擔心懷孕造成的嘔心、疲勞、胃部抽痛現象會影響她的拍片進度。然而日子一天一天過去，瑪丹娜心裡和伊娃·裴隆漸漸遠離，和她肚子裡的寶寶則漸漸親密。「我愈來愈厭倦扮演她。」她提到艾薇塔時說。從她外在的改變，可以預示未來她將面臨精神上和感情的重大轉變。在過去兩年內，瑪丹娜和她自己的陰影共同生活著，她說，「她是個擁有希望和夢想的人，也有人性的脆弱面。我已經盡一切努力做所有我該做的事，現在可以繼續展開我生命中的另一章了。」

MADONNA

瑪丹娜夫人

Lady Madonna

瑪丹娜把女兒命名爲羅狄絲，讓大家想到了她的天主教淵源和家族史。另一事實更進一步點出了天主教在她心理占有重要的地位——女兒出生後不久，她徒勞無功地請求主教親自賜福，而決定讓羅狄絲在天主教堂受洗也是基於同樣的理由。這位曾以錄影帶【宛若禱者】激怒梵帝岡，險遭逐出教會的歌手，現在似乎已成爲回頭浪子，雖然她一再掙扎，但始終無法完全脫離天主教的懷抱。

更有甚者，這位典型的美國女孩現在竟然扮演起傳統妻子、傳統母親的角色。過去那位讓《花花公子》的封面增添光彩的女人，現在是《家務高手》（Good Housekeeping）的封面女郎，也是一位讚美健康食品，批判電視節目的母親。有時她公開指責現代生活的種種罪惡，如電視上的性與暴力、垃圾食品、沒有節制的生活方式等——那口氣簡直就和她父親一模一樣。她說，「我比大家想像中更爲拘謹守禮。」少女時代的瑪丹娜時常故意與她的父親唱反調，處處跟他作對，但現在她長大成熟許多。看來瑪丹娜的另一自我似乎已經轉移了——從專輯《情慾》（Erotica）與《性》（Sex）時期那位鑲著金牙的性感女神麗達．巴羅（Dita Parlo），轉變成保守的好女人瑞奇太太，成爲負責任的妻子和母親。過去她利用麗達．巴羅這個人物探索性的極限，但並不一定認同那些價值和衝動。同樣的，她現在的新身分「瑞奇太太」也可看成是

她探索社會成規的工具，不過她本身並沒有放棄她激進的時髦氣質。對她來說，每一種表象都是虛假的。「一方面，結婚這種念頭，還有傳統的家庭生活讓我感到厭煩，」她對電視主持人查理．羅斯（Charlie Rose）說道，「但另一方面我又很渴望過那種生活。因爲我的過去、我的教養，還有我那些經歷吧，很多事是這麼矛盾。」

她過去幾年的言談間，一直在否定她早期的音樂創作。她聳著肩膀說道，「我在情感上從不在同一個地方停留，這點可從我的音樂看出來。」她的新音樂錄影專輯《音樂》（Music）一方面充滿回顧之情，一方面也是她告別過去之作。她還開始擁護那些她過去瞧不起的音樂類型和視覺風格。在她事業的不同階段裡，她曾捍衛過男同志、女同性戀、黑人和年輕婦女。她最近的一張專輯《音樂》卻充滿了鄉村與西部的意象。但是那些寬邊大帽、水鑽、粗厚斜紋棉布，牛仔靴與及其他具有象徵意味的行頭，都是具有某種程度種族與性別歧視的鄉野文化產物，她一度十分厭惡這些服飾。她最近五年裡獲得了一連串獎項：她主演電影【阿根廷別爲我哭泣】使她獲得了金球獎，兩張專輯《萬丈光芒》（Ray of light）和《音樂》則讓她抱走兩座葛萊美獎。瑪丹娜一直渴望她的表演藝術，贏得世人的尊敬，然而這番渴望現在似乎已經消失了，取而代之的是對財富與與社會地位的追逐。她最近替BMW拍了一支內容滑稽，而且有損形象的電視廣告；在這支廣告裡，她開著一部快車，驚險萬分地逃脫影迷和狗仔隊的追趕，在千鈞萬髮的那一刻，影片出現了她尿溼褲子的鏡頭。據傳瑪丹娜拍這支由她丈夫執導的廣告總共賺進一百萬英鎊。

她從後現代的偶像轉變成傳統的母親，這種顯而易見的轉變始於初次懷孕時期。母親的過世深深影響了她；同樣的，一九九六年女兒羅狄絲誕生，和二〇〇〇年兒子洛柯的出世使她如浴火重生，母愛讓她的生命從此有了重心。「生小孩，還有對另一個生命負責這兩件事，使我置身一個我從未曾經歷過的境地，」羅狄絲出生後不久，瑪丹娜說道，「我覺得我的生命又重新開始了。女兒的出生，對我而言就像是我自己的重生一樣。」瑪丹娜不僅留了長髮，穿起飄逸的東方式樣的袍子，還捨棄了每日三小時的健身運動，把整套健身器材送給了慈善機構，開始學起了瑜珈。她現在也變得比較安靜自在，不再是那個言語囂張，每講兩句話就會冒出一句詛咒的女人。「我以前講話比較大聲，比較下流，但是現在我運用的是寧靜的力量，」她說道。如果她現在能夠欣賞寧靜的價值，那麼時間就不再是她的敵人了。她一直忙著演藝事業，她那紀律嚴明的生活雖使她戰鬥力十足，也使她常感到緊張。「當你突然意識到你可以鬆開手，不必把所有事情都抓在手裡時，就是一個解放的時刻。這事我已經掙扎很多年

了，」瑪丹那承認道。羅拉（羅狄絲的小名）的誕生改變了一切。瑪丹娜會撥時間念個故事給女兒聽，或者和女兒一起躺在地毯上玩玩具。

另一個占據她生命情感的就是研習卡巴拉猶太神祕哲學，或者至少是前保險業務員菲立·柏格大師（Rabbi Philip Berg）加以普及的版本。懷著羅狄絲的時候，瑪丹娜在洛杉磯跟著艾登·雅丹尼大師（Rabbi Eitan Yardeni）研習這一套哲學。爲了解自己神祕的一面，瑪丹娜多年來找過占星家，學過印度教，接觸過佛學，最近她更迷上了瑜珈術，她對瑜珈所強調的和平與容忍特別感興趣。瑪丹娜就像其他人一樣，發現自己亟欲尋找存在的意義。她深受天主教的吸引，但又討厭其強調原罪與節制，她從猶太神祕哲學中找到了共鳴。有些人懷疑瑪丹娜只是在趕搭名人單親媽媽的流行風潮。但是她對猶太神祕哲學卻顯得相當認眞，她甚至請教她的老師雅丹尼大師究竟哪一天生羅狄絲最好。「我覺得卡巴拉的教義具體呈現了現代的生活，幫助你發掘深藏在你內心裡的上帝。」

在格林威治村（Greenwich Village），一個教授卡巴拉的紐約大師一面吃著可莎餅（Kosher），一面向我解釋卡巴拉的基本教義，幫助我了解瑪丹娜爲何對這個宗教如此著迷。簡言之，卡巴拉教義爲那些推動瑪丹娜前進的中心價値，提供了一個理論框架，即辛勤工作、自我控制、善用時間的美德。卡巴拉透過「恥辱的麵包」（Bread of Shame）這個概念，教導信徒有付出，才配享受生活裡的種種樂趣。除此之外，如果我們善用時間，就可以使我們的生命變得更豐富，在幾年的時間裡，提煉出別人花了一生才得到的經驗。而這些教義的中心主旨是要信徒遠離肉體，趨近靈魂。就瑪丹娜來說，這意味著從物質女孩轉變成永恆的母親。

在藝術創作上，瑪丹娜的的改變完全反映在《萬丈光芒》這張唱片裡。瑪丹娜將這張耗時四年，於一九九八年發行的作品題獻給雅丹尼大師，感謝他在「創作與精神方面的指導」。瑪丹娜把自己的名字改為「維若妮卡．依蕾托妮卡」（Veronica Electronica），但是她的創作方向兜了一大圈後，似乎又回到原點。大約二十年前，她在丹．基爾羅那棟由猶太教徒聚會所改建的公寓地下室所寫的歌，其質樸與生澀的特質都可在這張專輯裡找到，而這張探索靈魂的專輯被稱為是她「最激進、最赤裸裸的作品」。新曲中，她以一種率直的、成熟的方式歌誦女兒的誕生、母親的遺風、以及身為名人的種種痛苦。她的改變全歸因於長期對心靈的探索。走過長長一段歌曲創作的生涯後，她又拾起了那些過去寫過的主題。和過去的角色「麗達．巴羅」相較，她新近的「維若妮卡．依蕾托妮卡」階段凸顯了瑪丹娜比較成熟的情緒。

這段「維若妮卡・依蕾托妮卡」時期，推動瑪丹娜創立馬維利公司。她所選擇的都是些既具有藝術價值又與她生活有關的題材。如改編珍妮佛・貝爾（Jennifer Belle）及克莉絲汀・麥可萊（Kristin McCloy）的小說。後來她將新秀作家湯瑪斯・盧博樂史瓦斯基（Thomas Ropelewski）的劇本拍成電影，可惜的是，就像【上海驚奇】，這部定名為【好事成雙】電影一開始就註定了慘敗的命運。在拍攝的過程中，她不停地挑戰老牌英國導演約翰・史萊辛格（John Schlesinger）。這位拍過【午夜牛仔】（Midnight Cowboy）與多部口碑良好電影的導演提到，「瑪丹娜喜歡某種固定形象的角色，但是在這部片子裡我想把她塑造得柔和一點，我要大家忘了瑪丹娜本人。」史萊辛格的想法遭到封殺，他在影片快殺青時生了重病，瑪丹娜終於如願以償地在銀幕上傳達她那絕對自我的信念。凡此種種，再一次削弱了她的演出品質。【好事成雙】這部片子於西元二〇〇〇年上演，觀眾的反應平平。影評人史蒂芬妮・匝查力（Stephanie Zacharek）在一篇文章裡抱怨道，「她看來像木頭人一樣的僵硬，眞是不忍卒睹，她顯然是在嘗試她最不該嘗試的事。」對這些批評，瑪丹娜表面上裝得不在乎，但私底下深感受傷，尤其這部電影還打著強大卡司、一流導演、一流劇本等噱頭。

在她管理馬維利王國時期，瑪丹娜簽下兩張金合約——加拿大歌手艾拉尼斯・莫莉賽特（Alanis Morissette）和來自英國的「超凡合唱團」（Prodigy），證實了她具有敏銳的商業頭腦與創意。一九九五年，莫莉賽特的首張個人專輯《小碎藥丸》（Jagged Little Pill）在全球創下兩千五百萬張的銷售成績。這次成功暫時舒緩了瑪丹娜公司裡暗藏的緊張關係。私底下，她不斷地抱怨她的經理人弗瑞迪．德曼。一九九八年，她解僱了跟她多年的德曼，外頭傳聞她付了戴曼兩千五百萬的解僱金。拆夥在音樂界是大家司空見慣的事。早年的披頭四、滾石合唱團（The Rolling Stone）最後都自立門戶，只是有人後來單飛成功，有人失敗。其實，眞正的理由是公司裡的高級主管大大限制了瑪丹娜的控制權，所以她就用一慣的商業手法——辭退公司裡的資深員工。或許是因緣巧合吧，她的公司之後就開始走下坡，出現了財務危機。

羅拉出生之前的幾個星期，報紙上開始出現瑪丹娜與卡洛思．里昂發生摩擦的消息。誠如她對艾爾布萊特所說的，她在懷孕之前就已經對她那古巴情人感到越來越失望。懷胎十月的日子裡，她也正忙著拍攝【阿根廷別爲我哭泣】。孤單的旅館生涯，她不停地打電話給里昂，總擔心他跟其他女人約會。那過度的忌妒心爲卡洛思帶來極大的壓力。最後，羅拉出生帶給瑪丹娜的喜悅壓倒了懷孕時期的種種不適。瑪丹娜和卡洛思都爲新生命的到來感到很高興，她的紐約公寓訪客絡繹不絕，都帶著大包小包的

賀禮。小報雜誌的編輯出價三十五萬美元買第一張瑪丹娜與嬰兒的合照。瑪丹娜一家人行事都很低調，一直留在公寓裡面，她還雇了一個奶媽，但是卡洛思很喜歡親自哄小女兒入睡，兩人在嬰兒床的兩側各自擺了一張搖椅，好讓他們可以隨時陪伴女兒。

這樣的家居生活總難長久。瑪丹娜不久就回到工作的崗位。一九九六年十二月，瑪丹娜爲了宣傳【阿根廷別爲我哭泣】錄製大量令人疲憊的訪談，只有到了餵奶的時間才停下來休息。一旦有機會稍微喘一口氣時，他們都很清楚知道這段關係是無法長久的。兩人都覺得彼此比較像朋友，而不是廝守終生的伴侶。卡洛思對事業有自己的一套看法，一直扮演著「瑪丹娜先生」（Mr. Madonna），令他感到很不自在，而且媒體嘲笑他不過是個精子捐贈者也很令他受傷。他覺得瑪丹娜可以多幫他一點，使他那剛剛起步的演藝事業和模特兒生涯更發展——到目前爲止，他只在幾部電影裡演一些小角色，包括【謀殺綠腳趾】（The Rig Lebowski）。瑪丹娜則覺得卡洛思應該像她一樣，自己站穩腳步，開拓自己的事業。一九九七年五月瑪丹娜和卡洛思分手了，當時距羅拉出生才七個月的時間而已。「他們之間的感情是眞誠的，」蘿西．歐丹尼爾說道，「他們很努力嘗試，希望兩人能相守在一起。」羅拉當然是留在瑪丹娜身邊，而疼愛女兒的卡洛思則成爲一個定時來訪的客人。

安德魯．博迪（Andrew F. Bird）是個才華洋溢的劇作家。對這時期自稱「維若妮卡．依蕾托妮卡」，渾身散發著母性和靈性光輝的瑪丹娜，就各方面而言，博迪都是個很適合她的導師。安德魯．博迪是個高高瘦瘦、留著一頭長髮的英國年輕人。在每日必上的瑜珈課堂上，他能夠把身體扭成不可能的彎度，此外，他還不斷研習印度教、佛教和其他神祕的東方哲學以擴展他的心靈。對瑪丹娜來說，她這時最需要的就是博迪這類人物。安德魯．博迪是導演亞力克．凱施山（Alek Keshishian）的朋友，以執導【眞理與大膽】（Truth and Dare）聞名。他第一次見到瑪丹娜是在洛杉磯，那時他剛寫完一部有關於英國黑道的劇本，想找個買家，所以導演凱施山請他去洛杉磯和瑪丹娜見個面。根據當時在場的證人說，兩人初次見面就深深被對方所吸引。幾個星期後，博迪就在瑪丹娜洛杉磯的家中安頓下來，那時她正忙著錄製《萬丈光芒》。

瑪丹娜希望博迪自己搬到外面去住，就像她對吉米．艾爾布萊特和其他情人一樣，她給博迪現金讓他到洛杉磯租一棟公寓，可是，她又對他感到不放心和忌妒，所以不時地給他打電話，擔心他會與其他人交往，這又使兩人的關係緊張起來。最後，博迪搬回倫敦重新開始生活。他後來在時尚酒吧梅特找到了一份看門的工作。工作的收入不多，但是至少擺脫了瑪丹娜無止盡的干擾。瑪丹娜與博迪的關係持續了一段時

間，兩人以越洋電話和偶爾的會面，多多少少維持著男女朋友的關係。關於這段戀情，博迪後來承認說那是一段「深刻的愛情……我們雙方都得吞下很多的自傲。」

透過密友楚蒂．史戴樂和史汀夫婦，她接著認識了蓋．瑞奇。當時他們熱烈討論著楚蒂．史戴樂與人合資製作的獨立影片【兩枝槍管】（Lock, Stock and Two Smoking Barrels）。該部電影的導演蓋．瑞奇就坐在瑪丹娜身邊，他正在找一家錄音公司爲他們製作和銷售一卷帶子。於是他就問瑪丹娜馬維利公司是否有意思做這一筆生意。馬維利的總裁當然很樂於幫忙，不僅爲了電影，也爲了該部電影的導演。「我有一種我的生命即將往前邁進一大步的預感，」瑪丹娜回憶道，她覺得「頭暈目眩」。「我的頭不只是轉動，而且在我身體上方快速打轉，」她想起決定她命運的那一天，「我被他的自信迷倒了。他有點兒驕傲，但是那是一種有自覺的傲氣。」蓋．瑞奇固然比瑪丹娜小了整整一個世代，而且住在一個完全不同的大陸，但是瑪丹娜卻在他身上找到了另一個「牛仔詩人」——這種特質也出現在十三年前她所嫁的那個男人身上。

不過，當時縈繞在蓋．瑞奇腦海的是他花了多年寫的劇本現在終於找到投資人，而且也拍成電影。這是他事業上的一大突破，他一生所有希望都放在這次的拍攝計畫上了。結果，他與瑪丹娜在史汀家的相遇讓他美夢成眞。因爲在瑪丹娜的建議下，他和合夥人飛到洛杉磯與馬維利其他主管洽商合約。不久後兩人就傳出戀情。當時兩人各有各的牽絆，瑪丹娜與安德魯．博迪還有往來，而蓋．瑞奇當時有一個長期交往的女友蕾貝嘉．葛林（Rebecca Green），即電視界泰斗麥可．葛林（Micheal Green）的女兒。與蕾貝嘉分手後，他又與前模特兒，現任電視節目主持人坦尼雅．史泰克（Tania Strecker）交往。

蓋．瑞奇第一眼看去並不像個拍電影的。他生於一九六八年，在赫特福德郡哈特菲爾（Hartfield）一個富有的中產階級家庭裡長大，他的家庭有輝煌的軍事傳統，而且祖先可以上溯到十二世紀蘇格蘭貴族。瑞奇的父親約翰繼承家業，加入軍隊，服完兵役後進入廣告界，娶了模特兒安柏。蓋．瑞奇五歲時，他的父母離了婚。母親後來嫁給了麥可．萊頓爵士（Sir Michael Leighton），萊頓一家的爵位已世襲了三百年，而他是第十一任男爵的繼承人，瑞奇跟隨他的母親搬進萊頓家族的莊園居住。萊頓爵士於一九八〇年跟瑞奇的母親離婚。瑞奇罹患了誦讀困難症，才十五歲就離開了學校，只得到了一份與電影研究有關的GCSE證書。他後來在漢普夏郡安道爾的史丹布瑞吉伯爵學校就讀，研究如何教導有學習障礙的學生，但因吸毒而遭到退學。從那時開始，年輕的瑞奇就開始從事一連串卑微的工作，像是工人、門房、貨車駕駛、信差等。搬到

倫敦後，他沾染毒品，學會倫敦口音，與一群朋友在蘇荷區的酒吧、諾丁山、倫敦東區一帶鬼混。最後透過父親在蘇荷區的電影公司找到一份工作，在那裡學會了拍攝錄影帶和電視系列節目的技巧。

第一次寫作的瑞奇嚴格遵守寫作最重要的規則——寫你熟悉的題材。他的劇本《兩枝槍管》所描寫的都是他在倫敦下層社會遊蕩的所見所聞。這部電影歌誦的是對同性戀的恐懼，訴說的是暴力的美學。雖然如此，電影中那些神氣活現、自我貶低的幽默對白，還有電影裡那股輕鬆的氣氛使它在英國成爲一時風尚，但在美國幾乎悄無聲息地下了片，留下一群目瞪口呆的觀衆。

瑪丹娜被瑞奇的獨立和野心深深吸引，但他對工作的專注與固執也是兩人感情的障礙。兩人誰也不願意放棄各自在家鄉建立起來的大本營；瑪丹娜聲稱她必須留在美國，因爲這樣卡洛思．里昂才能時常來探望羅荷蒂。「我有時眞想扭斷他的脖子，」提到瑞奇以及兩人的關係時，瑪丹娜說道。她指的是他們交往的第一年，那是充滿挫折的一年。他們只能靠打電話和寫信來互訴衷情，她忙著拍攝【好事成雙】，而瑞奇則忙著宣傳他的第一部電影，製作另一部由布萊德．彼特（Brad Pitt）主演的續集【誘拐】

（Snatch）。就在那時候，他和認識了十四年，擔任電視節目主持人的坦尼雅．史泰克來往了一年之久。「他是我的生命之愛，」坦尼雅．史泰克說道。這位身高六尺，金髮長腿的主持人責怪身材嬌小的瑪丹娜害她和瑞奇分手。瑪丹娜和蓋．瑞奇不在一起的時候，又故態復萌，不停地給瑞奇打電話，問他正在做甚麼，跟誰在一起。隨著千禧年的到來，瑪丹娜首先讓步了，同意搬到倫敦和蓋．瑞奇定居。她跟一個作家朋友英格麗．施奇說道，「我把我的生活、女兒，一起打包起來，然後到倫敦租個房子，搬到那裡去住。這時我們的關係才開始有所進展。可是我的犧牲可就大了。」她決定在倫敦定居的消息淹沒了所有媒體的版面。

「維若妮卡．依蕾托妮卡」此一身分似乎已被她的另一個自我——「瑪丹娜夫人」取代了。在她最近的這一段生活裡，她很快地就被封爲英國社交界的新女皇。除非在邀請函裡尊稱她爲「閣下」（Her Madge-esty），否則她是不會答應出席慈善舞會、頒獎典禮或任何社交活動的。不久之後，她就應邀到查爾斯王子（Prince Charles）位於海洛斯特郡的鄉村別墅共進餐點，與英國王位繼承人討論時差造成的種種奇異快感。「我是親英派（Anglophile）。」她最近宣稱道，並且宣布莎士比亞、席德．維西（Sid Vicious）等著名的英國人是她仰慕的對象。她說的這些話顯然不是心存諷刺。多年前

爲她製作首支單曲錄影帶的老朋友艾迪．史坦堡（Ed Steinberg）說她心裡有一種往上流社會攀爬的慾望，想贏得英國新歌迷的心。「她現在心裡想的都是英國的貴族，她想要改變形象。她現在想當個夫人，把她的過去忘掉。」

二○○○年冬天，儘管她的私生活陷於混亂與改變當中，她卻發現她又懷孕了。不過這次她已經沒有其他顧慮，可以生下這個小孩了。雖然瑪丹娜承認她經過了多年的尋找，她終於找到了她的「靈魂伴侶」，可是瑞奇這邊卻顯然很不情願與一個大他十歲的女人走入禮堂，事實上他和他的另一個情人坦尼雅．史泰克依然維持藕斷絲連的關係。這使他和瑪丹娜之間的感情變得很複雜。「我不想說我們最後一次見面是甚麼時候，因爲那樣會讓瑪丹娜覺得心痛。」坦尼雅．史泰克曾經說過，「她怕我。」蓋．瑞奇仍然與坦尼雅．史泰克交往，即使他當時已經跟瑪丹娜同居了。

瑪丹娜清楚地表明，她對她新情人和英國的迷戀，都只是表面的，因爲她飛回洛杉磯待產，抱怨英國的醫院既「古老又落後」。瑪丹娜對此次生產相當謹慎，幾個月前，醫生告訴她這一胎的胎盤不正，所以她又再一次安排了剖腹產。預產期的前一個月，她覺得很不舒服，當她到達洛杉磯的賽得斯——西乃醫院檢查，負責檢查的專家意識到事態嚴重，決定馬上給瑪丹娜開刀。那時瑪丹娜正在大量失血，根據至少一份報告指出，她當時幾乎已經瀕臨休克的邊緣。二〇〇〇年八月十一日凌晨一點，瑪丹娜生下一個五磅九盎斯重的男嬰。他們給他取名爲洛柯．約翰．瑞奇（Rocco John Ritchie）。因有他患有黃疸，在保溫箱裡住了五天才出院，剛好及時回家參加瑪丹娜四十二歲的生日宴會。

對瑞奇來說，這似乎也是他給瑪丹娜一個名分的最好時機。瑪丹娜回家後，發現她的床邊有一個皺皺的小包，她正想把它扔掉的時候，「突然發現裡頭包著一個小盒子。」她回憶道。盒子裡有一個鑽戒。「然後我看到了一張卡片。那眞是一封甜蜜的信，他在信裡寫下了我們經歷過的一切，我的生日、小孩、還有說他是多麼地快樂。」瑞奇的一個朋友艾林．柏格（Erin Berg）發表談話，告訴全世界蓋．瑞奇和瑪丹娜即將在聖誕節之前結婚的消息。「他希望他們能夠共組家庭，」柏格說道，「兒子出生後，他變得十分戀家。他是眞的動了情，開口閉口都是孩子。」

全球觀衆再一次爲才華洋溢的準瑞奇太太感到迷醉。剛生完小孩幾星期後，瑪丹娜像變魔法一樣，在照顧小孩的同時，還要管理她的娛樂王國，策劃專輯《音樂》在全球各地的宣傳活動、籌劃她的婚禮、出席MTV頒獎典禮並抱走了兩項音樂大獎，二〇〇〇年十一月還在紐約和倫敦辦了兩場音樂會，而且還想辦法讓自己穿上一件腰身低

及臀部的褲子。她是一劑朝氣蓬勃的興奮劑，鼓舞著每一個年過四十歲女人的心。紐約那場演唱會把她稱爲衣錦還鄉的女皇，「回家眞好，」她告訴她的歌迷說。在倫敦她被封爲榮譽公民，讚美她是個不折不扣的英國人，比英國的炸魚條、熱啤酒和板球更英國。

洛柯的受洗典禮安排在婚禮的前一天，兩場典禮都預定在蘇格蘭北部舉行。這兩者是瑪丹娜輕而易舉地爬上上層社會的明證。最後她的婚禮改在聖誕節前，瑞奇三十二歲那天舉行，雖然數百萬人都急切地期待這場婚禮，但是他們到底還是把閒雜人等完全都擋在門外了。馬利畢懸崖頂上的那場混亂瑪丹娜還是記憶猶新，沉痛猶存，她絕對不能讓歷史重演。所以她和瑞奇選擇了距離多爾諾許小鎭不遠，宏偉而偏僻的史奇波城堡（Skibo Castle）舉行婚禮。兩人提早幾個星期飛到那裡爲婚禮預作準備，他們並在當地的多爾諾許大教堂給洛柯受洗。

第二天，吹笛手的笛聲劃破了寧靜，羅狄絲領著結婚隊伍，穿過城堡宏偉的大廳。城堡裡點燃了成千成百的蠟燭，地上撒滿了玫瑰花瓣。這次婚禮與瑪丹娜第一和第二次的婚禮也有個顯著的不同點。對她來說，嫁給西恩．潘時，她只希望整個婚禮能辦得有點像「葛麗絲凱莉的感覺」。但是這一次她要的可是實質的東西，因爲她所戴的鑽石頭冠來自卡提亞珠寶，正是葛麗絲凱莉王妃出席大女兒卡洛琳公主的婚禮時所戴的那一頂。蓋．瑞奇穿著一套哈丁．麥金塔（Hunting Mackintosh）格子男用百褶裙裝，瑪丹娜穿了一襲由伴娘史戴拉．麥肯尼所設計的無肩帶白色禮服，兩人在蘇珊．布朗教士前面立下婚誓。觀禮的貴賓有瑪丹娜的父親，蓋．瑞奇的兩個伴郎馬修．華根和夜總會業主皮爾斯．亞當（Piers Adam）。許多批評家都在想，究竟瑪丹娜這位女性主義者的偶像是否會答應要「愛、尊敬和服從」她的丈夫。不過他們倆人事實上自己寫了部分的婚誓，其中有幾句是：「珍惜與尊敬與愉悅家庭」。

婚誓過後，兩人交換特別設計過的戒指。第二天，兩人離開城堡，到兩人戀情開始的地方——湖濱別墅度蜜月。回想起來，瑪丹娜以爲那眞是一段「眞正神奇，近乎宗教的經驗」。瑪丹娜現在已經正式成爲瑞奇太太，她很喜歡自己這個新身分，她除了「瑞奇太太」作爲她的簽名外，甚至還改換信用卡以反映她的新地位。「我沒有燒飯做菜的細胞，」她開玩笑道，但是她的生活裡似乎充滿了屋子、爐床、與家的芳香。她公公的話印證了這一點，「她是個快樂而聰明的人，而且也相當顧家。」

她是那個表演藝術家嗎？那個廿年來不斷促使人們改變態度；那個唱片的銷售量超過一千萬，比披頭合唱團，比貓王擁有更多第一名的單曲的歌星；那個激勵，迷醉

和激怒一整個世代的偶像——她們是同一個人嗎？沒錯，她是的。透過她的個性與她的演出，瑪丹娜最近十年的表演都在凸顯和探索身爲女性的雙重性格——從母親到女殺手，從被動的受害者到冷血的掠奪者，她描述具有創造力和侵略性的女人，她們能夠從男人的獵物搖身一變爲嗜殺的螳螂。

她二〇〇一年的單曲〈女人的感覺〉（What It Feels Like For A Girl），其歌詞捉住現代女性的內衝突，即大家都期待女人能同時表現出堅強和軟弱兩面。這支由她丈夫導演的錄影帶，反映了歌者對性別歧視和生理上的弱勢之怒。她說那捲錄影帶「做出女生不准做的事。這是一首憤怒的歌。」這的確是一首既憤怒又暴力的歌，連MTV頻道都禁止播放這捲只有三分鐘的影片。在這卷片子裡，瑪丹娜開著一輛加大馬力的車子到處亂闖，車上還載了一位老婦人。影片裡的瑪丹娜搶了提款機，放火燒了加油站，地上躺著一個身體朝下的加油站工人，然後她又開車穿過一群正在比賽曲棍球的男孩，持槍指著兩個警察——只不過當她開槍時大家才知道那是一把水槍。在最後一幕裡，瑪丹娜全速開向電燈柱，暗示她和老婦人雙雙死於車禍。

對於一個總是在個人與演藝生活中迴避暴力的女人來說，〈女人的感覺〉這支錄影帶是個激進的起點。許多批評家以充滿優越感的口吻說那卷錄影帶一來出自蓋・瑞奇對暴力的沉迷，二來出自瑪丹娜的職業需要——她想與錄影帶裡淨是練鋸、武器、極端熱門的痞子阿姆（Eminem）一較長短。他們並且以這套理論來解釋瑪丹娜作風之改變。不過事實上，不管是這卷錄影帶或「沉淪世界巡迴演唱會」上的舞台布置，這兩者都與她近二十年來一直在探討的主題相符合，即兩性關係、性別的不確定性、還有女人置身於男性社會裡，既要成為百分之百的女性與性感，又要掌控自己生活之間那種無可消弭的分歧。在藝術上，這也是一九九八年她錄製【愛的替代品】（Substitute for Love）以來一個符合邏輯的發展。在那張錄影帶裡，她運用戴安娜王妃遭受男性主控的媒體圍剿的意象，引起許多的爭議。當時影片裡的女人是受害者，現在的女人則是復仇者。

在二〇〇一年「沉淪世界巡迴演唱會」裡，瑪丹娜進一步發揮向男人復仇的主題。在一個場景裡，她射殺了百般折磨她的男人；另一個場景裡，觀衆看到她打扮成藝妓的樣子，揮劍回擊攻擊她的男人；在錄影帶的銀幕上，觀衆看到的都是一幕又一幕女人遭受凌虐的畫面。在觀衆面前，瑪丹娜從「瑞奇太太」，良母，賢妻，智者化身為普契尼現代版歌劇裡的女主角杜蘭朵公主，向男性世界發動復仇計畫。所以她仔細營造的角色「瑞奇太太」既是靠不住的幻象，也是唬人的手法。在很多方面，她個人

生活環境的改變，她有意放棄事業的追求，改而過簡單的生活，這種意願給了她一顆定心丸與動力去從事新的藝術挑戰，刷新她向社會思惟的攻擊。

她第一部與她丈夫合作的電影改編自一九七五年義大利導演琳娜．維特穆勒（Lina Wertmuller）所執導的【飄流過海愛上你】（Swept Away）。從這部電影，我們可以預測她未來事業的方向，還有她關心的課題。雖然蓋．瑞奇有意拍一部類似列尼．史考特（Ridley Scott）的【神鬼戰士】（Gladiator）的史詩片，但是他的太太似乎有其他的想法，不僅是因爲維特穆勒的利益和關心的課題與瑪丹娜相吻合。身爲一位維護女性主義的導演，維特穆勒不管在義大利或美國都兩邊不討好；義大利怪她開口閉口都是女性主義，而美國人批評她性別歧視。但是她依然我行我素，不斷打破禁忌，檢視性別政治，角色顛覆，還有探討女性的附屬角色的地位。

如果維特穆勒的目標聽起來很耳熟，瑪丹娜在【飄流過海愛上你】主演的角色所傳達出來的訊息亦然。在這部片子裡，她飾演一個富有的義大利名流，與友人乘坐遊艇出海度假，結果遇到船難，與一個船員兼馬克思份子一起漂流到一座荒島上。在這座遙遠的島上，這位船員成了老大，而她則變成奴隸，不僅因爲他比較強壯，而是他知道如何求生。這部電影暗藏的訊息是：即使女人已經逃出既定的「女性」角色，她也會成爲性別歧視的受害者。瑪丹娜所飾演的角色拉法艾拉（Rafaella）是個富有而獨立的女性，但是她的富有和獨立意味著她所遭受的歧視更深，因爲她的所作所爲不符合男性那些傳統的、刻板的女性印象。

電影一開拍，等著蓋．瑞奇的考驗有兩種，一是他的執導能力，二是他的婚姻。在執導能力方面，他必須能成功地控制瑪丹娜，不讓瑪丹娜把角色演得比較迷人，比較賺人眼淚，太過自我——他的許多前輩都在這一點敗給了瑪丹娜。瑪丹娜把自己的個性融入歌曲創作、錄影帶和演唱會上，她在這方面一向都很成功。但是身爲一個演員，這麼做則是她一個致命的缺點。她有意角逐奧斯卡獎，但還沒有成功。

有待我們觀察的還有爲人母、爲人妻，逐漸從事業圈子退守家庭的生活是否能取代瑪丹娜那出於本能的需要——即媒體的諂媚和擁戴。在事業上她全權掌控，但是愛情生活上她通常是不如意的時刻居多；她是生理需要與生活背景的囚犯，這也是她一再探索的主題。在公衆前面堅強，在私底下脆弱，這位金髮女郎個性裡的矛盾促使她不斷向前，而渴望得到愛慕的那種強烈的需要則助長了她的野心。最後這二十年來，當她從一個面具換到另一個面具時候，當她從「麗達．巴羅」轉變成「維若妮卡．依蕾托妮卡」，再從「維若妮卡．依蕾托妮卡」轉變成「瑪丹娜夫人」，再從「瑪丹娜夫人」

過渡到「瑞奇太太」，在這過程當中，我們分享了她在藝術上，和她個人的朝聖之旅。換句話說，她這些年一直不停地凸顯自己，但也一直不停地隱藏自己。

所以她現在究竟要走向何處呢？這個陳腐的問題只配得一個陳腐的答案：誰知道呢？我們去哪兒，她就到哪。她是一個文化上的偵查犬，總是跟著新鮮、冷酷而可靠的味道走。這就是她的魅力——既是一個野心勃勃、典型的美國女人，也是頭腦冷靜的企業領袖、忠實的朋友、多變的情人，更是一股躁動不安、生命力源源不絕的自然力量，不斷地向我們提出挑戰，挑逗我們，迷惑我們。

誠如她自己所說的，「我覺得我正在慢慢顯現眞我，我越來越靠近那個構成眞我的核心。」

她的旅程才剛剛開始。

音樂唱片分類目錄

歷年出版的黑膠唱片、錄音帶和CD專輯

1983年 *Madonna*：Lucky Star; Borderline; Burning Up; I Know It; Holiday; Think Of Me; Physical Attraction; Everybody （同時發行8曲的錄音帶專輯和CD）

1984年 *Like A Virgin*：Material Girl; Angel; Like A Virgin; Over and Over; Love Don't Live Here Anymore; Dress You Up; Shoo-Bee-Doo; Pretender; Stay（同時發行8曲的錄音帶專輯和CD；英國版包含了Into the Groove）

1984年 *Revenge Of The Killer B's*：Ain't No Big Deal（華納兄弟唱片公司：只錄一首瑪丹娜的曲子）

1985年 *Vision Quest*（原聲帶）：Graze For You, Gambler（格芬唱片公司：只錄兩首瑪丹娜的曲子）

1986年 *True Blue*：Papa Don't Preach; Open Your Heart; White Heat; Live To Tell; Where's The Party; True Blue; La Isla Bonita; Jimmy, Jimmy; Love Makes The World Go Around（同時發行8曲的錄音帶專輯和CD）

1987年 *Who's That Girl?*（原聲帶）：Who's That Girl; Causing A Commotion; The Look Of Love; 24 Hours (Duncan Faure); Step By Step (Club Nouveau); Best Thing Ever (Scritti Politti); Can't Stop; El Coco Loco (Coati Mundi)（同時發行8曲的錄音帶專輯和CD。由瑪丹娜挑選原聲帶曲子；不過只錄唱四首；剩下的分配給其他的歌手）

1987年 *You Can Dance*：Spotlight; Holiday; Everybody; Physical Attraction; Over and Over; Into The Groove; Where's The Party（Spotlight 是唯一沒有發表的歌：錄音帶與8曲專輯，包含有隨帶附贈的Spotlight, Holiday, Over and Over, and Into the Groove CD刪除了Spotlight，不過含有另三首，外加Where's the Party）

1987年 *Who's That Girl*：Who's That Girl?; Causing A Commotion; The Look Of Love; 24 Hours; Step By Step; Turn It Up; Best Thing Ever; Can't Stop; El Coco Loco (So So Bad)（同時發行8曲的錄音帶專輯和CD）

1987年 *A Very Special Christmas*：Santa Baby（A&M唱片公司：只錄一首瑪丹娜的歌曲）

1989年 *Like A Prayer*：Like A Prayer; Express Yourself; Love Song; Till Death Do Us Part; Keep It Together; Spanish Eyes; Act Of Contrition（也有錄音帶專輯和CD）

1989年 *The Early Years*：Wild Dancing (延長); Time To Dance (延長); On The Street; We Are The Gods; Cosmic Climb; Time To Dance; Cosmic Climb (延長); On The Street (延長); Wild Dancing; Time To Dance (管絃樂)（英

國發行）

1989年 *Best Of Rest Of Madonna Vol. 1*（英國CD; 從*The Early Years* 選出的5首曲子和訪談錄）

1989年 *Best Of Rest Of Madonna Vol.2*（英國CD; 從*The Early Years* 選出的10首曲子）

1990年 *The Immaculate Collection* : Holiday; Lucky Star; Borderline; Like A Virgin; Material Girl; Crazy For You; Into The Groove; Live To Tell; Papa Don't Preach; Open Your Heart; La Isla Bonita; Like A Prayer; Express Yourself; Cherish; Vogue; Justify My Love; Rescue Me（同時發行雙倍長度的錄音帶專輯、數位壓縮版錄音帶和CD。也發行與PL的錄音帶或CD共錄的The Royal Box，加上The Immaculate Collection的錄影帶、8張名信片和一張海報）

1990年 *I'm Breathless* : Songs From And Inspired By The Film *Dick Tracy*: He's A Man; Sooner Or Later; Hanky Panky; I'm Going Bananas; Cry Baby; Something To Remember; Back In Business; More; What Can You Lose; Now I'm Following You, Part I; Now I'm Following You, Part II; Vogue（同時發行錄音帶專輯和CD）

1991年 *The Immaculate Conversation* : 英國談訪錄（只有錄音帶專輯）

1991年 *Michael Jackson: Dangerous* : In The Closet（一首曲子；Madonna as Mystery Girl; 也有錄音帶專輯）

1992年 *Erotica* : Erotica: Fever; Bye Bye Baby; Deeper And Deeper; Where Life Begins; Bad Girl; Waiting; Thief Of Hearts; Words; Rain; Why's It So Hard; In This Life; Did You Do It?; Secret Garden（發行兩個版本：the Clean Version刪掉了'Did You Do It?; 也發行錄音帶專輯和CD）

1992年 *Barcelona Gold* : This Used To Be My Playground（只有一首瑪丹娜的歌；同時發行錄音帶專輯和CD）

1994年 *With Honors*（原聲帶）: I'll Remember（馬維克唱片公司：只有一首瑪丹娜的歌曲）

1994年 *Just Say Roe* : Goodbye To Innocence（西爾唱片公司：只有一首瑪丹娜的歌曲）

1995年 *Bedtime Stories* : Survival; Secret; I'd Rather Be Your Lover; Don't Stop; Inside Of Me; Human Nature; Forbidden Love; Love Tired To Welcome Me; Sanctuary; Bedtime Story; Take A Bow（同時發行錄音帶專輯和 CD）

1995年 *Something To Remember* : I Want You; I'll Remember; Take A Bow;

You'll See; Craze For You; This Used To Be My Playground; Live To Tell; Love Don't Live Here Anymore; Something To Remember; Forbidden Love; One More Chance; Rain; Oh Father; I Want You（管絃樂）（同時發行錄音帶專輯和CD）

1995年 *Inner City Blues : The Music Of Marvin Gaye.* I Want You（摩城唱片公司：只有一首瑪丹娜的歌曲）

1996年 *Evita - Highlights* : Requiem For Evita; Oh! What A Circus; On This Night Of A Thousand Stars; Eva And Magaldi / Eva Beware Of The City; Buenos Aires; Another Suitcase In Another Hall; Goodnight And Thank You; I'd Be Surprisinly Good For You; Peron's Latest Flame; A New Argentina; Don't Cry For Me Argentina; High Flying, Adored; Rainbow High; And The Money Kept Rolling（In And Out）; She Is A Diamond; Waltz For Eva And Che; You Must Love Me; Eva's Final Broadcast; Lament（同時發行錄音帶專輯和CD）

1997年 *Carnival*（雨林基金音樂會）: Freedom（維克多唱片公司：只有一首瑪丹娜的曲子）

1998年 *Ray Of Light* : Drowned World / Substitute For Love; Swim; Ray Of Light; Candy Perfume Girl; Skin; Nothing Really Matters; Sky Fits Heaven; Shanti / Ashtangi; Frozen; Power Of Goodbye, The To Have And Not To Hold; Little Star; Mer Girl（贏得1999年葛萊美最佳熱門音樂專輯獎。日本發行的CD額外多了兩首曲子；同時也發行錄音帶專輯和CD）

1999年 *Austin Power 2* : *The Spy Who Shagged Me* : Beautiful Stranger（錄音帶；只錄一首。瑪丹娜演唱：只在錄影帶裡勾引男人的女人。）

2000年 *Music* : Music; Impressive Instant; Runaway Lover; I Deserve It; Amazing;Nobody's Perfect; Don't Tell Me; What It Feels Like For A Girl; Paradise (Not For Me)；Gone （贏得2001年葛萊美最佳唱片專輯包裝獎；同時 發行錄音帶專輯和CD。隨CD附贈一首*American Pie*）

2001年 *In The Spotlight With Madonna* : 訪談錄 1; 訪談錄 2（一張加強效果的有聲CD，附加一般的有聲音帶和多媒體電腦檔。這些是非正式的瑪丹娜訪談錄；還包含一本100頁的小冊子。）

2001年 *Madonna*（複製母片）: Lucky Star; Borderline; Burning Up; I Know It; Holiday; Think Of me; Physical Attraction; Everybody; Everybody; Burning Up（12英吋）; Lucky Star（新混合曲）（原版發行於1983年。包含隨片附贈的*Burning Up*以及*Lucky Star* [重新混合的延長舞曲]，原前CD並沒有）

2001年 *Like A Virgin*（複製母片）：Material Girl; Angel; Like A Virgin; Over

And Over; Love Don't Live Here Anymore; Dress You Up; Shoo-Bee-Doo; Pretender; Stay（原版發行於1984年。包含隨片附贈的*Like A Virgin'* 以及*'Material Girl* [重新混合的延長舞曲]，原前CD並沒有）

2001年 *True Blue*（複製母片）：Papa Don't Preach; Open Your Heart; White Heat; Live To Tell; Where's The Party; True Blue; La Isla Bonita; Jimmy, Jimmy; Love Makes The World Go Around; True Blue; La Isla Bonita（重新混合的延長曲）（原版發行於1986年。包含隨片附贈的*True Blue* 以及'La Isla Bonita' [重新混合的延長舞曲]，原前CD並沒有）。2001年 Complete Madonna Interviews（只有訪談錄，沒有音樂）

2001年 *The Complete Audio Biography*（3片CD一套）（包含一套兩片由Martin Haper 述寫，Sian Jones的CD。第三片CD是瑪丹娜的訪談錄）

2001年 *The Early Years* : Give It To Me: Give It To Me; Shake; Get Down; Time To Dance; Wild Dancing; Let's Go Dancing; We are The Gods; Cosmic Climb; On The Street; Oh My !

音樂錄影帶

1982年 *Everybody*（導演：Ed Steinberg。專輯來源：Madonna）

1983年 *Burning Up*（導演：Steve Barron。專輯來源：Madonna）

1984年 *Borderline*（導演：Mary Lambert。專輯來源：Madonna）

1984年 *Holiday #1*（導演：不詳。專輯來源：Madonna。低成本，沒有發行）

1984年 *Lucky Star #1*（導演：Arthur Pierson。專輯來源：Madonna）

1984年 *Like A Virgin*（導演：Mary Lambert。專輯來源：Like A Virgin）

1984年 *Like A Virgin*（導演：Mary Lambert。MTV錄影帶音樂獎）

1984年 *Lucky Star #2*（導演：Arthur Pierson。專輯來源：Madonna--延長版）

1985年 *Material Girl*（導演：Mary Lambert。專輯來源：Like A Virgin）

1985年 *Crazy For You*（導演：Harold Becker。專輯來源：Vision Quest—原動畫原聲帶）

1985年 *Into The Groove*（導演：Susan Seidelman。專輯來源：You Can Dance—與Desperately Seeking Susan的電影剪輯共同製作）

1985年 *Dress You Up #1*（導演：Danny Kleinman。專輯來源：Like A Virgin）

1985年 *Dress You Up #2*（導演：Danny Kleinman。專輯來源：Like A Virgin—延長介紹部分與不同的角度）

1985年 *Gambler #1*（導演：Harold Beker。專輯來源：*Vision Quest*—原動畫原

聲帶）

1985年 *Gambler*（*The Virgin Tour Live*）

1985年 *Like A Virgin*（*The Virgin Tour Live*）

1985年 *Over And Over*（*The Virgin Tour Live*）

1986年 *Live To Tell*（導演：James Foley。包含At Close Range的電影剪輯）

1986年 *Papa Don't Preach*（導演：James Foley。專輯來源：*True Blue*）

1986年 *True Blue*（Make My Video Contest 得主；瑪丹娜沒有出現）

1986年 *True Blue*（導演：James Foley。專輯來源：*True Blue*—歐洲版）

1986年 *Open Your Heart*（導演：Jean-Baptiste Mondino。專輯來源：*True Blue*）

1987年 *La Isla Bonita*（導演：Mary Lamber。專輯來源：*True Blue*）

1987年 *The Look Of Love*（導演：James Foley。專輯來源：Who's That Girl?與電影剪輯共同製作）

1987年 *Causing A Commotion*（MTV錄影帶音樂獎）

1988年 *Into The Groove*（Ciao Italia—Live）（用作宣傳廣告的錄影帶）

1989年 *Like A Prayer*（導演：Mary Lambert。專輯來源：Like A Prayer）

1989年 *Make A Wish*（兩分鐘的百事可樂廣告，3 月2日播送到全世界）

1989年 *Express Yourself*（MTV：錄影帶音樂獎）

1989年 *Cherish*（導演：Herb Ritts。專輯來源：*Like A Prayer*）

1989年 *Express Yourself*（導演：David Fincher。專輯來源：*Like A Prayer*）

1989年 *Oh Father*（導演：David Fincher。專輯來源：*Like A Prayer*）

1989年 *Dear Jessie*（導演：不詳。專輯來源：*Like A Prayer*。在美國國外發行；只有動畫，瑪丹娜沒有出現）

1989年 *Papa Don't Preach*（華納唱片，只發行雷射唱片）

1990年 *Vogue*（導演：David Fincher。專輯來源：I'm Breathless，音樂源自Dick Tracy）

1990年 *Vogue*（MTV：錄影帶音樂獎）

1990年 *Vote!*（為*Rock the Vote* 活動製作的—10月22日到11月6日播放）

1990年 *Just My Love*（導演：Jean-Baptiste Mondnio。專輯來源：The Immaculate Collection—當作有史以來第一支錄影帶單曲銷售）

1991年 *Like A Virgin*（導演：Alek Keshishian。專輯來源：*Like A Virgin*—與True Or Dare的電影剪輯共同製作）

1991年 *Holiday #2*（導演：Alek Keshishian。專輯來源：*Like A Virgin*—與*True Or Dare* 的電影剪輯共同製作）

1992年 *This Used To Be My Playground*（導演：Alek Keshishian。專輯來源：Barcelona Gold; 包含A League Of Their Own的電影剪輯）

1992年 *Erotica*（導演：Fabien Baron。專輯來源：*Erotica*）

1992年 *Deeper And Deeper*（導演：Bobby Woods。專輯來源：*Erotica*）

1993年 *Bad Girl*（導演：*David Fincher*。專輯來源：*Erotica*）

1993年 *Fever*（導演：Stephan Sednaopi。專輯來源：*Erotica*）

1993年 *Rain*（導演：Mark Romanek。專輯來源：*Erotica*）

1993年 *Bye-Bye-Baby* (*Live From The Girlie Show Tour*)（在澳洲作為宣傳單曲之用，美國或英國都沒發行）

1994年 *I'll Remember*（導演：Alek Keshishian。包含*With Honors*的電影剪輯）

1994年 *Secret*（導演：Melodie McDaniel。專輯來源：*Bedtime Stories*）

1994年 *Take A Bow*（導演：Michael Haussman。專輯來源：*Bedtime Stories*）

1995年 *Bedtime Story*（導演：Mark Romariek。專輯來源：*Bedtime Stories*）

1995年 *I Want You*（只短暫發行以宣傳*Inner City Blues :the Music of MarvinGaye*）

1995年 *You'll See*（導演：Michael Haussman。專輯來源：*Something to Remember*）

1996年 *Love Don't Live Here Anymore*（導演：Jean-Baptiste Mondino。專輯來源：*Something to Remember*）

1996年 *You Must Love Me*（導演：Alan Parker。專輯來源：*Evita :the completemotion picture soundtrack*；包含電影剪輯）

1996年 *Don't Cry For Me Argentina*（導演：Alan Parker。專輯來源：*Evita*—與電影剪輯共同製作）

1997年 *Another Suitcase In Another Hall*（導演：Alan Parker。專輯來源：*Evita*—與電影剪輯共同製作。美國不發行）

1997年 *Buenos Aires*（導演：Alan Parker。專輯來源：*Evita*—與電影剪輯共同製作。美國不發行）

1998年 *Frozen*

1998年 *Ray Of Light*（贏得1999年葛萊美最佳短篇音樂錄影帶獎）

1998年 *Drowned World/Substitute For Love*（美國沒有發行）

1998年 *The Power Of Goodbye*

1999年 *Nothing Really Matters*

1999年 *Beautiful Stranger*（錄自*Austin Powers 2: The Spy Who Shagged Me*的原聲帶。演出角色：只演錄影帶中勾引男人的女人）

2000年 *American Pie*（錄自*The Next Best Thing*的原聲帶。包含在DVD裡）

2000年 *Music*（同時也發行DVD）

2000年 *Don't Tell Me*（同時在2001年1月也在美國發行加強版單曲CD）

電影、錄影帶和電視節目

1972年 [沒有片名]的超8哩米影片，片中有在瑪丹娜的肚子上煎雞蛋的鏡頭（導演：不詳；片長時間不詳；未定價格）

1980年 *A Certain Sacrifice*（導演：Stephen Jon Lewick；未定價格〔1992年英國定價為18元〕；片長60分鐘。以別人充當瑪丹娜．西柯尼；演出角色：Bruna）

1983年 *Vision Quest aka Crazy For You*（導演：Harold Becker；片長105分鐘。演出角色：cameo）

1984年 *Madonna*（導演：Steve Baron；Mary Lambert；錄影帶；片長17分鐘）。

1984年 *American Bandstand*（主持人：Dick Clark；電視；節目長60分鐘）

1985年 *Desperately Seeking Susan*（導演：Susan Seidelman；輔導級電影13級；片長104分鐘。演出角色：Susan）

1985年 *Live Aid*（電視；片長960分鐘。在甘迺迪體育館演出）

1985年 *The Virgin Tour—Live* : *Dress You Up* ; Holiday; Into The Groove; Everybody; Gambler; Lucky Star; Crazy For You; Over And Over; Like A Virgin; Material Girl（導演：Danny Kleinman；錄影帶；50分鐘）

1986年 *Shanghai Surprise*（導演：Jim Goddard；輔導級電影13級；片長90分鐘。演出角色：Gloria Tatlock）

1987年 *Who's That Gir—Live in Japan* : Open Your Heart; Lucky Star; True Blue; Papa Don't Preach; White Heart; Causing A Commotion; The Look Of Love; Medley: Dress You Up/Material Girl/Like A Virgin; Where's The Party; Live To Tell; Into The Groove; La Isla Bonita; Who's That Girl; Holiday（導演：Mitchell Sinoway；錄影帶；片長92分鐘）。

1987年 *Rolling Stone Presents Twenty Years of Rock & Roll aka Rolling Stone: TheFirst Twenty Years*（導演：Malcolm Leo；片長97分鐘；舊片，以呎數記長度）

1987年 *Who's That Girl*（導演：James Foley; 輔導級電影；片長92分鐘。演出角色：Nikki Finn）

1988年 *Bloodhounds of Broadway*（導演：Howard Brookner；輔導級電影；片長93分鐘。演出角色：Hortense Hathaway）

1988年 *Ciao Italia—Live from Italy*（導演：Egbert van Hees；錄影帶；片長100分鐘）

1990年 *Blonde Ambition World Tour Live* : Express Yourself; Open Your Heart；Causing A Commotion; Where's The Party; Like A Virgin; Like A Prayer; Live To Tell/Oh Father; Papa Don't Preach; Sooner Or Later; Hanky Panky; Now I'm Following You（Parts I&II）；Material Girl; Cherish; Into The Groove; Vogue; Holiday; Keep It Together（導演：David Mallet；錄影帶；片長112分鐘）

1990年 *Blonde Ambition*—Japan Tour 90：tracks as above（導演：Mark Aldo Micell; 錄影帶；片長105分鐘）

1990年 *Dick Tracy*（導演：Warren Beatty；輔導級電影；片長103分鐘。演出角色： Breathless Mahoney）

1990年 *Dick Tracy* : Behind the Badge, Behind the Scenes（電視）

1990年 *The Immaculate Collection* : Luky Star; Borderline; Like A Virgin; Material Girl; Papa Don't Preach; Open Your Heart; La Isla Bonita; Like A Prayer; Express Yourself; Cherish; Oh Father; Vogue; and Vogue（錄自1990年 MTV獎）（多位導演；錄影帶；片長60分鐘）

1991年 *Truth or Dare Outside USA aka In Bed with Madonna*（導演：Alek Keshishian；有定價；片長114-120分鐘）

1991年 *National Enquirer* : The Untold Story of Madonna（好時機錄影帶）。

1991年 *Women in Rock*（大西洋錄影帶）

1991年 *Justify My Love*（華納音樂錄影帶；片長13分鐘）

1992年 *A League of Their Own*（導演：Penny Marshall；輔導級電影；片長117-128分鐘。演出角色：Mae 'All-The-Way-Mae' Mordabito）

1992年 *Blast 'Em*（導演：Joseph Blasioli；片長接近90分鐘；輔導級電影--狗仔隊的紀錄片，包含瑪丹娜）

1992年 *Oscar's Greatest Moments*：1971 to 1991（導演：Jeff Margolis；錄影帶）

1992年 *Shadows and Fog*（導演：Woody Allen; 輔導級電影—13級；片長86分鐘。演出角色：Marie the Strongman's Wife）

1993年 *Body of Evidence aka Deadly Evidence*（導演：Ulrich Edel；有定價；錄影帶版未定價格；片長101分鐘。演出角色：Rebecca Carlson）

1993年 *Dangerous Game*（導演：Abel Ferrara；有定價；片長108分鐘。演出角色：Sarah Jennings）

1993年 *The Girlie Show—Live Down Under*。Erotica; Fever; Vogue; Rain; Express Yourself; Deeper and Deeper; Why's It So Hard; In This Life; The Beast Within; Like A Virgin; Bye Bye Baby; I'm Going Bananas; La Isla Bonita;Holiday; Justify My Love; Everybody Is A Star/Everybody（錄影帶）

1993年 *Madonna Exposed*（好時機錄影帶）

1995年 *Blue in the Face*（導演：Paul Auster；Wayne Wang；有定價；片長83-95分鐘。演出角色：Singing Telegram）

1995年 *Four Rooms*（導演：Allison Anders；Alexandre Rockwell；有定價；長98分鐘。演出角色：Elspeth in *The Missing Ingredient*）

1995年 *The History of Rock 'N' Roll; Vol. 10 AKA Up From the Underground*（錄帶；片長60分鐘）

1996年 *Evita* : A Cinema In Buenos Aires; 26 July 1952; Requiem for Evita; Oh What A Circus; On This Night of A Thousand Stars; Eva And Magadi / Eva Beware of the City; Buenos Aries; Another Suitcase In Another Hall; Goodnight Thank You; The Lady's Got Potential; Charity Concert / The Art of the Possible; I'd Surprisingly Good For You; Hello And Goodbye;Peron's Latest Flame; A New Argentina; On the Balcony Of the Casa Rosad 1; Don't Cry For Me Argentina; On Flying; Adored; Rainbow High; Rainbow Tour; The Actress Hasn't Learned the Lines (You'd Like To Hear); And the Money Kept Rolling In (And Out); Partido Feminista; She Is A Diamond; Santa Evita; Waltz For Eva And Che; Your Little Body's Slowly Breaking Down; You Must Love Me; Eva's Final Broadcast; Latin Chant; Lament（導演：Alan Parker；輔導級電影；片長134分鐘。演出角色：Eva Peron）

1996年 *Girl 6*（導演：Spike Lee；有定價；片長108分鐘。演出角色：Boss #3）

1997年 *Happy Birthday Elizabeth ：A Celebration of Life*（導演：Jeff Margolis；電視）

1998年 *Oprah Winfrey Show*（導演：Joseph C. Terry；電視；片長60分鐘）

1998年 *Behind the Music aka Vhi's Behind the Music*（導演：David Greene；電視）

1998年 *Ray Of Light*（葛萊美得主限制版的錄影帶單曲）

1999年 *Madonna*：The Video Collection 93-99: Bad Girl; Fever; Rain; Secret; Take A Bow; Bedtime Story; Human Nature; Love Don't Live Here Anymore; Frozen; Ray Of Light; Drowned World/Substitute For Love; The Power of Goodbye; Nothing Really Matters; Beautiful Stranger（導演：多位；輔導 級電影13級；片長67分鐘。當作她14支最喜愛的音樂錄影帶宣傳； Downed World/ Substitute For Love先前沒有在美國發行）

2000年 *Music*（導演：Jonas Akerlund；錄影帶；片長10分鐘）

2000年 *The Next Best Thing*（導演：John Schlesnger；輔導級電影13級；片長108分鐘。演出角色：Abble Reynolds）

2000年 *In the Life*（電視；插曲 #7,4；5月）

2000年 *Don't Tell Me*（CD單曲細碟[加強效果版]；給PC 或Mac電腦使用）

2001年 *Drowned World Tour 2001*（導演：Hamish Hamilton；電視）

2001年 *Star*（導演：Guy Ritchie；片長7分鐘。演出角色：Star [沒有原著者姓名]）

2001年 *The 43rd Annual Grammy Awards*（導演：Guy Ritchie；錄影帶；片長5分鐘。演出角色：The Chick）

劇場

Goose and Tom-Tom，David Rabe原著。Lincoln Center Theater 工作室，1987年。演出角色：Lorraine。

Speed-the-Plow，David Mamet原著。The Lincoln Center Theater at the Royale Theater出品，百老匯；1988年。演出角色：Karen。

巡迴演唱會

1985年 The Virgin Tour

1987年 Who's That Girl? World Tour

1990年 Blonde Ambition World Tour

1993年 The Girlie Show World Tour

2001年 Drowned World Tour

瑪丹娜—流行天后的真實畫像

作　　者　安德魯・莫頓（Andrew Morton）
譯　　者　邱俐華

發 行 人　林敬彬
總 編 輯　蕭順涵
編　　輯　蔡佳淇
美術設計　周莉萍
封面設計　周莉萍

出　　版　大都會文化 行政院新聞局北市業字第89號
發　　行　大都會文化事業有限公司
110台北市信義區基隆路一段432號4樓之9
讀者服務專線：（02）2723-5216
讀者服務傳真：（02）2723-5220
電子郵件信箱：metro@ms21.hinet.net
Metropolitan Culture Enterprise Co., Ltd.
4F-9, Double Hero Bldg., 432,Keelung Rd., Sec. 1,
TAIPEI 110, TAIWAN
Tel:+886-2-2723-5216　Fax:+886-2-2723-5220
e-mail:metro@ms21.hinet.net

郵政劃撥　14050529 大都會文化事業有限公司
出版日期　2003年4月初版第1刷
定　　價　280 元

I S B N　957-28042-8-6
書　　號　98011

大都會文化
METROPOLITAN CULTURE

國家圖書館出版品預行編目資料

瑪丹娜：流行天后的真實畫像／安德魯・莫頓（Andrew Morton）著：
邱俐華譯
——初版—— 臺北市：大都會文化，
2003〔民92〕 面； 公分. 譯自Madonna
ISBN：957-28042-8-6（平裝）
1.瑪丹娜（Ciccone Madonna, 1958- ）

785.28 92005758

北 區 郵 政 管 理 局
登記證北台字第9125號
免 貼 郵 票

大都會文化事業有限公司
讀者服務部收

110 台北市基隆路一段432號4樓之9

寄回這張服務卡(免貼郵票)
您可以：
◎不定期收到最新出版訊息
◎參加各項回饋優惠活動

大都會文化 讀者服務卡

書號：98011 瑪丹娜—流行天后的真實畫像

謝謝您選擇了這本書！期待您的支持與建議，讓我們能有更多聯繫與互動的機會。日後您將可不定期收到本公司的新書資訊及特惠活動訊息。

A.您在何時購得本書：_____年_____月_____日

B.您在何處購得本書：__________書店，位於__________(市、縣)

C.您從哪裡得知本書的消息：1.□書店 2.□報章雜誌 3.□電台活動 4.□網路資訊5.□書籤宣傳品等 6.□親友介紹 7.□書評 8.□其他__________

D.您購買本書的動機：（可複選）1.□對主題或內容感興趣 2.□工作需要 3.□生活需要 4.□自我進修 5.□內容為流行熱門話題 6.□其他__________

E您最喜歡本書的（可複選）：1.□內容題材 2.□字體大小 3.□翻譯文筆 4.□封面 5.□編排方式 6.□其它

F. 您認為本書的封面：1.□非常出色 2.□普通 3.□毫不起眼 4.□其他__________

G.您認為本書的編排：1.□非常出色 2.□普通 3.□毫不起眼 4.□其他__________

H.您通常以哪些方式購書：(可複選)1.□逛書店 2.□書展 3.□劃撥郵購 4.□團體訂購5.□網路購書 6.□其他__________

I. 您希望我們出版哪類書籍：（可複選）1.□旅遊 2.□流行文化3.□生活休閒 4.□美容保養 5.□散文小品 6.□科學新知 7.□藝術音樂 8.□致富理財 9.□工商企管10.□科幻推理 11.□史哲類 12.□勵志傳記 13.□電影小說 14.□語言學習（____語）15.□幽默諧趣 16.□其他__________

J.您對本書(系)的建議：__________

____

K.您對本出版社的建議：__________

____

讀者小檔案

姓名：__________ 性別：□男 □女 生日：____年____月____日

年齡：□20歲以下□21～30歲□31～40歲□41～50歲□51歲以上

職業：1.□學生 2.□軍公教 3.□大眾傳播 4.□ 服務業 5.□金融業 6.□製造業 7.□資訊業 8.□自由業 9.□家管 10.□退休 11.□其他 __________

學歷：□ 國小或以下 □ 國中 □ 高中／高職 □ 大學／大專 □ 研究所以上

通訊地址：__________

電話：（H）__________（O）__________傳真：__________

行動電話：__________ E-Mail：__________

ALL
ACCESS